ASQUEROSOLOGÍA

en acción

ediciones
iamiqué

**LIBROS
CIENTÍFICAMENTE
DIVERTIDOS**

Traducción: **María José Rolón**
Adaptación: **Carla Baredes e Ileana Lotersztain**
Corrección: **Patricio Fontana y Laura A. Lass de Lamont**
Adaptación de diseño: **Javier Basile**
Armado: **Pablo de los Santos**

Primera edición: abril de 2008
I.S.B.N.: 978-987-1217-19-9
Tirada: 4000 ejemplares
Queda hecho el depósito que establece la ley 11.723
Impreso en Argentina
Printed in Argentina

Branzei, Sylvia
    Asquerosología en acción / Sylvia Branzei ; adaptado por Carla Baredes e Ileana Lotersztain ; ilustrado por Jack Keely - 1a ed. - Buenos Aires : Iamiqué, 2008.
    72 p. : il. ; 21x21 cm. (Asquerosología)

    Traducido por: María José Rolón

    ISBN 978-987-1217-19-9

    1. Ciencias Naturales-Niños. I. Baredes, Carla, adapt. II. Lotersztain, Ileana, adapt. III. Keely, Jack, ilus. IV. Rolón, María José, trad. IV. Título
        CDD 570.54

Este libro apestoso, vomitivo y asqueroso, se imprimió en abril de 2008 en Grancharoff Impresores, Tapalqué 5868, Ciudad de Buenos Aires, Argentina.
impresores@grancharoff.com

Y ahora, un mensaje de nuestro abogado:

Ni los editores ni el autor de este libro podrán ser hallados responsables de cualquier daño ocasionado por la realización de las actividades que en él se describen si no se han seguido minuciosamente las instrucciones, si no se ha contado con la vigilancia apropiada, o si se han ignorando las precauciones que se mencionan.

Querido lector...

La "Asquerosología" es la ciencia de las cosas que dan asco, y los "asquerosólogos" son las personas que ejercen la Asquerosología. Si te agrada lo asqueroso, puedes convertirte en un asquerosólogo. Pero como todo asquerosólogo principiante, para serlo tendrás que ingresar en el mundo de las cosas nauseabundas, babosas, olorosas, costrosas, podridas y sudorosas.

Para un asquerosólogo de pies a cabeza, enterarse de cosas relacionadas con las inmundicias es muy gratificante. Por ejemplo: ¿sabías que hace muchísimos años la gente pensaba que el moco que chorrea por la nariz era, en realidad, el cerebro que se escurría a través de las fosas nasales?

El descubrimiento de cosas repugnantes también implica el uso de palabras nuevas. Para que puedas convertirte en un asquerosólogo hecho y derecho, deberás conocer algunas palabras que quizá te resulten confusas o complicadas. Es por eso que, en este libro, las palabras raras como **polímero** aparecen así, en letra de color **rojo**. Además, para ayudarte a recordar el vocabulario asquerosológico, encontrarás toda la información pertinente en el "Glosario asqueroso" de la página 68.

Compartir la información repulsiva con otros también es muy divertido, así que puedes asquear a tus parientes con comentarios como: "¿Sabías que se pueden comprar joyas hechas con excrementos de codorniz? Adivina qué voy a regalarte para tu próximo cumpleaños".

Pero, sin duda, lo más divertido de todo es "poner la Asquerosología en acción". Sí, poner manos a la obra con las cosas asquerosas. ¿Qué estás esperando? ¡Da la vuelta a la página y asquéate mucho!

Te saluda asquerosamente,

Sylvia Branzei

Experimentos con asquerosidades falsas

Experimentos con tus propias asquerosidades

Experimentos con asquerosidades de aquí y de allá

El impulso peristáltico

Si te acostaras en el piso, extrajeras tu **intestino delgado** y lo colocaras junto a ti, descubrirías que es ¡cuatro veces más largo que tu cuerpo!

En tu intestino delgado se absorben los nutrientes de la comida. Luego, en tu **intestino grueso**, se absorbe el agua y se forman pequeñas "porciones" de caca. La palabra **peristalsis**, que es el nombre que recibe el movimiento que empuja la caca y la hace avanzar a lo largo del intestino, proviene de las palabras griegas *peri* (alrededor de) y *stalsis* (contracción). Los músculos intestinales envuelven, pellizcan y empujan la caca haciéndola recorrer el intestino de punta a punta hasta llegar a la salida, que ya sabes dónde está.

Qué necesitas:

- **Un tubo de goma hueco, pero de una goma más blandita que la de una manguera de jardín** (si no puedes conseguirlo, usa una cuerda plástica hueca o un globo cortado en ambos extremos).
- **Un embudo.**
- **Aceite comestible.**
- **Una canica.**

Cuando tragas los alimentos, el movimiento peristáltico lleva la comida a través de tu garganta, más precisamente de tu esófago, hacia tu estómago. Es decir que la peristalsis es la encargada de hacer que la comida avance desde un extremo hasta el otro.

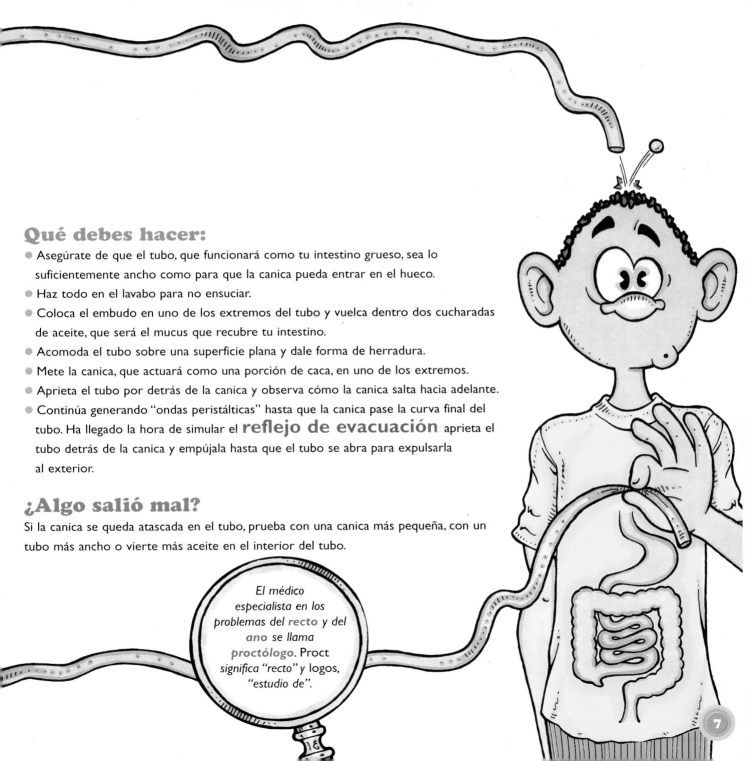

Qué debes hacer:

- Asegúrate de que el tubo, que funcionará como tu intestino grueso, sea lo suficientemente ancho como para que la canica pueda entrar en el hueco.
- Haz todo en el lavabo para no ensuciar.
- Coloca el embudo en uno de los extremos del tubo y vuelca dentro dos cucharadas de aceite, que será el mucus que recubre tu intestino.
- Acomoda el tubo sobre una superficie plana y dale forma de herradura.
- Mete la canica, que actuará como una porción de caca, en uno de los extremos.
- Aprieta el tubo por detrás de la canica y observa cómo la canica salta hacia adelante.
- Continúa generando "ondas peristálticas" hasta que la canica pase la curva final del tubo. Ha llegado la hora de simular el **reflejo de evacuación**: aprieta el tubo detrás de la canica y empújala hasta que el tubo se abra para expulsarla al exterior.

¿Algo salió mal?

Si la canica se queda atascada en el tubo, prueba con una canica más pequeña, con un tubo más ancho o vierte más aceite en el interior del tubo.

El médico especialista en los problemas del recto y del ano se llama proctólogo. Proct significa "recto" y logos, "estudio de".

Ampollas falsas

Si caminas un buen trecho con tus zapatos nuevos, se te formará una incómoda **ampolla** por el roce; si juegas en la playa todo el día sin protector solar, te saldrán ampollitas por las quemaduras del sol. Si te pescas varicela, el cuerpo se te llenará de unas ampollas pequeñas llamadas **vesículas**; si tocas una hiedra venenosa, tendrás ampollas al por mayor. Y si te ataca cierto virus, tus labios lucirán una hermosa ampolla llamada afta. Como verás, son muchas las cosas que pueden provocar que tu cuerpo haga que algo de líquido se cuele entre dos capas de piel. En otras palabras, son muchas las cosas que producen ampollas.

Pero ¡cuidado!, no se te ocurra pincharlas, pues podrías acabar con una horrible **infección**

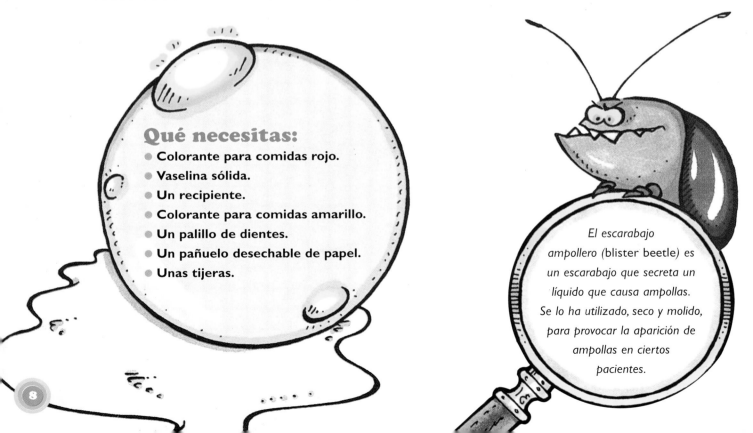

Qué necesitas:
- Colorante para comidas rojo.
- Vaselina sólida.
- Un recipiente.
- Colorante para comidas amarillo.
- Un palillo de dientes.
- Un pañuelo desechable de papel.
- Unas tijeras.

El escarabajo ampollero (blister beetle) es un escarabajo que secreta un líquido que causa ampollas. Se lo ha utilizado, seco y molido, para provocar la aparición de ampollas en ciertos pacientes.

Qué debes hacer:

- Elige el lugar de tu cuerpo donde harás la ampolla (las manos, el brazo o la parte delantera de la pantorrilla son excelentes lugares).
- Coloca una gotita de colorante rojo en la punta de tu dedo y dibuja en el lugar elegido una mancha ovalada, de tamaño similar al de una ampolla.
- Coloca en el recipiente un dedo de vaselina, agrega una gotita de colorante amarillo y mezcla con el palillo.
- Haz una bolita con la vaselina coloreada y colócala en el centro de la mancha, achatándola un poco para que parezca una burbuja.
- Si el pañuelo tiene dos hojas, sepáralas: usarás una sola. Recorta la hoja de papel del tamaño de la mancha roja y deposítala sobre la burbuja de vaselina.
- Suavemente, humedece con vaselina transparente el papel hasta que éste se vuelva transparente.
- Limpia los bordes y corre a mostrarle tu nueva ampolla a quien quieras. Dile: "¿No tienes un cuchillo para que pueda quitarme esta ampolla?".

¿Algo salió mal?

Si tu flamante ampolla no luce muy real, prueba usar menos colorante amarillo o trata de hacerla un poco más pequeña, porque las ampollas medianas siempre parecen más reales que las grandes.

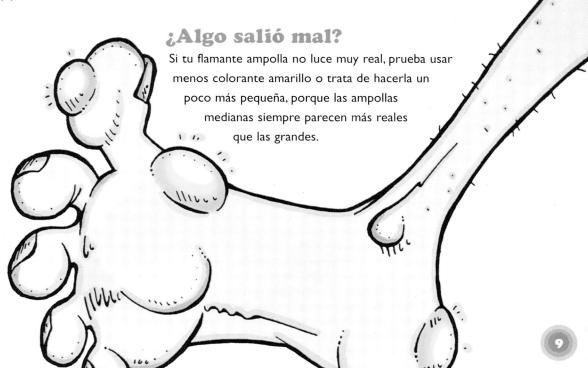

Heridas falsas

Una herida puede producirse por un corte, un raspón, un roce, un magullón o un pinchazo. *¡¡Auuch!!*

Si te lastimas, lo primero que debes hacer es lavarte bien la herida con agua y jabón, dejar que el agua corra sobre ella y luego limpiarla con alcohol. Si la herida está sucia, desinféctala con agua oxigenada, luego cúbrela con una bandita con ventilación (el aire es bueno para las heridas) y no la toques más.

Y, por supuesto, asegúrate de tener la **vacuna** antitetánica, que probablemente te aplicaron cuando eras muy pequeño. Esta vacuna te protege contra el **tétanos**, una enfermedad muy seria y muchísimo menos divertida que ponerse una vacuna. Es por eso que cada tanto debes darte una dosis de refuerzo.

Y ahora, vayamos a tu próxima herida.

Un cráneo que se encontró en Inglaterra reveló que en la Edad de Piedra ya se practicaban operaciones. En el caso de este antiquísimo enfermo, se supo también que ¡había muerto después de la operación!

Qué necesitas:

- Vaselina sólida.
- Un recipiente.
- Colorante para comidas rojo.
- Cacao en polvo.
- Un pañuelo de papel desechable.
- Un palillo de dientes.
- Unas tijeras.

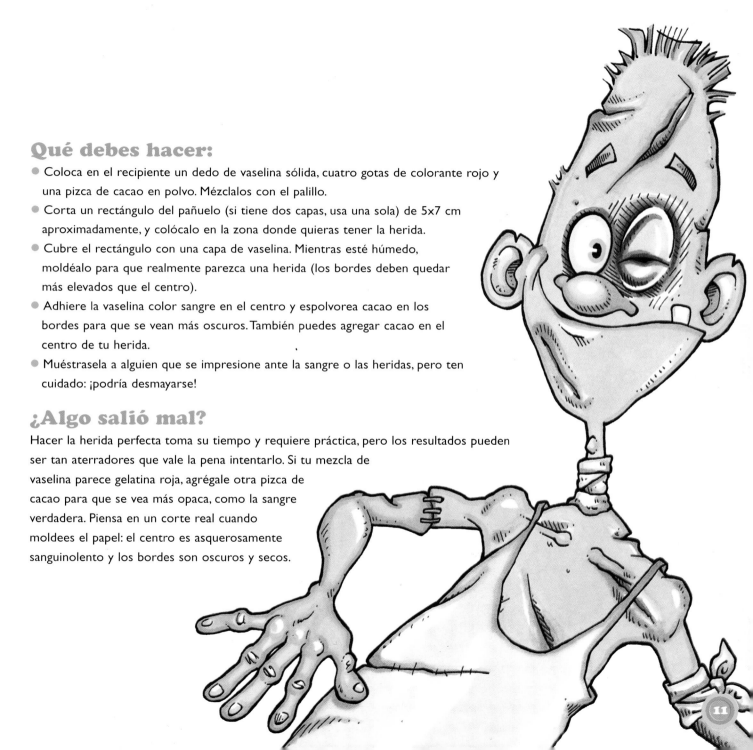

Qué debes hacer:

- Coloca en el recipiente un dedo de vaselina sólida, cuatro gotas de colorante rojo y una pizca de cacao en polvo. Mézclalos con el palillo.
- Corta un rectángulo del pañuelo (si tiene dos capas, usa una sola) de 5x7 cm aproximadamente, y colócalo en la zona donde quieras tener la herida.
- Cubre el rectángulo con una capa de vaselina. Mientras esté húmedo, moldéalo para que realmente parezca una herida (los bordes deben quedar más elevados que el centro).
- Adhiere la vaselina color sangre en el centro y espolvorea cacao en los bordes para que se vean más oscuros. También puedes agregar cacao en el centro de tu herida.
- Muéstrasela a alguien que se impresione ante la sangre o las heridas, pero ten cuidado: ¡podría desmayarse!

¿Algo salió mal?

Hacer la herida perfecta toma su tiempo y requiere práctica, pero los resultados pueden ser tan aterradores que vale la pena intentarlo. Si tu mezcla de vaselina parece gelatina roja, agrégale otra pizca de cacao para que se vea más opaca, como la sangre verdadera. Piensa en un corte real cuando moldees el papel: el centro es asquerosamente sanguinolento y los bordes son oscuros y secos.

Caca falsa

¿En qué se diferencian las heces de un perro salvaje de las de un perro hogareño? Los excrementos de los perros salvajes tienen huesitos y pelos, mientras que los de tu perro son mucho más lisos, porque la comida con que alimentas a tu mascota no suele incluir cosas duras y peludas. ¿Y cómo son los desechos de puercoespín? Como su dieta incluye cortezas, sus heces se ven como terrones de aserrín seco. El estudio de los "regalitos" olorosos que los animales dejan aquí y allá en los lugares donde viven permite conocer muchas cosas sobre ellos: qué animales son, cómo es su dieta, cuántos son y dónde están sus hogares. Pero como los excrementos pueden transmitir enfermedades, mejor deja esta exploración excremental a los expertos (sí, hay gente que se especializa en esto) y pon manos a la obra con esta caca falsa.

Qué necesitas:

- **Harina de avena** (que no sea instantánea).
- **Cacao en polvo.**
- **2 platos.**
- **Edulcorante en polvo** (el azúcar común o la impalpable no sirven para este experimento).
- **Agua.**
- **Papel higiénico.**

Los 50 millones de perros que viven en los Estados Unidos eliminan diariamente casi 10 000 toneladas de excrementos. ¡Menuda pila para recoger!

Qué debes hacer:

- Coloca media taza de harina de avena en un plato y desármala con los dedos para que quede más fina.
- Agrega dos cucharaditas de cacao en polvo y mezcla con los dedos.
- Agrega dos cucharaditas de edulcorante y vuelve a mezclar.
- Vierte agua de a poco, hasta que la mezcla se pueda moldear. Dale forma de caca a la mezcla y colócala en un costado del plato.
- En el otro plato, pon tres cucharadas de cacao en polvo.
- Agrégale una cucharada de edulcorante y mezcla.

- Haz rodar tu obra de arte sobre la mezcla, hasta que quede completamente cubierta con cacao.
- Colócala sobre un papel higiénico y muéstrasela a tus amigos. ¡No te olvides de decirles luego que es falsa!

¿Algo salió mal?

¿No puedes moldear la mezcla? Modifica la cantidad de agua: si la mezcla está demasiado seca o demasiado húmeda no podrás darle forma. ¿Sigues sin conseguirlo? Asegúrate de haber usado harina de avena que no sea instantánea.

Eructos artificiales

¿Cuál es la diferencia entre un eructo y un provechito? Para algunas personas son la misma cosa. Para otras, un eructo es una secuencia de provechitos. Pero sean lo que sean para ti, los eructos y los provechitos son gases que tu estómago libera a través de tu garganta.

¿Y de dónde vienen? Dentro de tu estómago siempre hay una burbuja de aire. Si esta burbuja se comprime (cuando comes o bebes) o si agregas más gas (cuando bebes una gaseosa o hablas muy rápido), sencillamente eructas.

La gente también eructa a lo loco luego de tomar un **antiácido** o bicarbonato de sodio. ¿Y esto por qué?

Normalmente, el estómago produce grandes cantidades de **ácido** que ayudan a digerir la comida. Si tanto ácido produce malestar, algunas personas recurren a un antiácido. Las sustancias químicas del antiácido neutralizan los ácidos del estómago y, como resultado de esa reacción, se forma un gas. Este gas se acumula y acumula hasta que la presión se hace intolerable y...
¡Beerrrrrp!

Qué necesitas:

- **Vinagre.**
- **Un globo mediano o grande.**
- **Un embudo.**
- **Bicarbonato de sodio.**

La acidez estomacal, que en inglés se denomina heartburn (ardor de corazón), se produce cuando los ácidos del estómago suben por tu garganta hasta la boca. (¡Socorro!) "Anti" significa "contra", o sea que "antiácido" significa "contra el ácido".

Qué debes hacer:

- Si haces este experimento sobre un lavabo, tendrás mucho menos que limpiar cuando termines.
- Vierte dos cucharaditas de vinagre en el interior del globo, que será como tu estómago.
- Usa el embudo para agregar una cucharadita colmada de bicarbonato de sodio al "globo-estómago".
- Manten cerrado el globo apretando el extremo con tus dedos: ese extremo será como tu esófago.

- Observa cómo el estómago se infla con el gas del bicarbonato.
- Abre tus dedos y deja salir el gas o "eructo".
- Practica este último movimiento hasta lograr un sonido similar al de un eructo real.

¡Beerp!

¿Algo salió mal?

Si no aprietas el extremo de tu globo-estómago lo suficientemente rápido, el líquido burbujeante puede subir por la "garganta" y salir por la "boca". Para reducir un poco el burbujeo, pon menos vinagre y bicarbonato de sodio.

Sangre falsa

Algunas personas se desmayan cuando ven sangre. Esto es bastante extraño, porque todos -desmayados incluidos- tenemos alrededor de 5 litros de sangre circulando por el cuerpo. Si no fuera por la sangre, el oxígeno no llegaría a todos los rincones de tu cuerpo y morirías. Sí, sangre es sinónimo de vida.

Cuando piensas en la sangre, seguramente piensas en un líquido de color rojo. Pero, en realidad, menos de la mitad de tu sangre está formada por células rojas, llamadas "glóbulos rojos" o **eritrocitos.** El color rojo de los glóbulos rojos proviene de un pigmento llamado **hemoglobina**, que contiene moléculas de hierro. Cuando los glóbulos rojos navegan por tu cuerpo, la hemoglobina intercambia con las células el tan preciado oxígeno por el dióxido de carbono que ellas desechan.

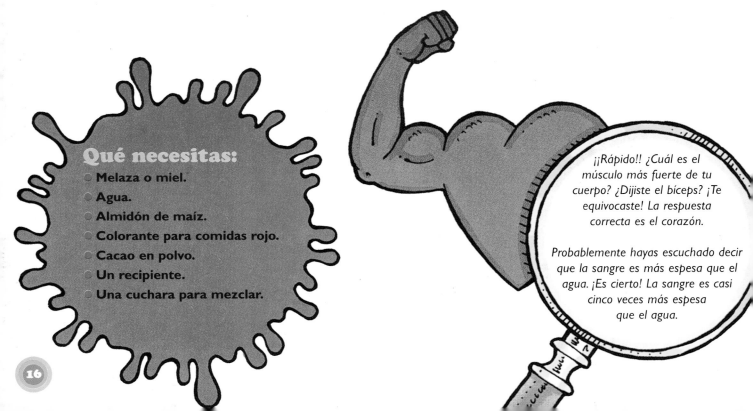

Qué necesitas:
- Melaza o miel.
- Agua.
- Almidón de maíz.
- Colorante para comidas rojo.
- Cacao en polvo.
- Un recipiente.
- Una cuchara para mezclar.

¡¡Rápido!! ¿Cuál es el músculo más fuerte de tu cuerpo? ¿Dijiste el bíceps? ¡Te equivocaste! La respuesta correcta es el corazón.

Probablemente hayas escuchado decir que la sangre es más espesa que el agua. ¡Es cierto! La sangre es casi cinco veces más espesa que el agua.

Qué debes hacer:

- Para hacer este experimento, ponte ropa que ya no uses y que no te importe manchar (la sangre falsa teñirá todo lo que lleves puesto).
- Coloca 5 cucharadas de melaza y 1 cucharada de agua en el recipiente.
- Mezcla bien mientras viertes 4 gotas de colorante.
- Agrega 1 cucharada de almidón de maíz y fi cucharada de cacao en polvo.
- Mezcla muy, pero muy bien.
- Deja gotear la sangre desde la comisura de tu boca. O, mejor aún, pon un poco dentro de tu boca (no es tóxica, pero tampoco tiene un sabor muy rico).
- Ve a buscar a alguien que no sospeche nada y dile: "¡Quiero chupar tu saaangre!".

¿Algo salió mal?

Si tu sangre tiene demasiados grumos, mezcla mejor el almidón de maíz y el cacao. Si quieres que la sangre sea más espesa, agrégale mayor cantidad de almidón de maíz; si la quieres más líquida, agrégale más agua. Puedes conservar tu sangre en una bolsa plástica resellable.

¿Sabías que todos los días el corazón bombea más de 3700 litros de sangre por tu cuerpo? Trata de imaginarte cuánto es eso la próxima vez que veas las botellas de leche alineadas en la góndola del supermercado.

¡Cuidado!!

Recuerda que si no deseas tener problemas en casa debes tener cuidado de no manchar nada con esta sangre.

Moco falso

El moco (mucus) que siempre cubre tu garganta y que a veces chorrea por tu nariz, está formado por **polímeros**, que son moléculas largas y flexibles.

Como también está hecho de polímeros, el adhesivo vinílico es el ingrediente perfecto para este moco falso. Tus mocos son transparentes hasta que pescas un resfriado... entonces, adquieren un hermosísimo color verdoso. El color verde proviene de las **bacterias** muertas y sus desechos.

¡Que tengas una buena moqueada!

Qué necesitas:
- **Borato de sodio, también conocido como bórax** (lo puedes comprar en algunas farmacias o droguerías).
- **Agua fría.**
- **Adhesivo vinílico blanco o transparente** (el que usas en la escuela para pegar papel).
- **Agua.**
- **Colorante para comidas verde.**
- **Dos recipientes.**
- **Una taza.**

Es imposible mantener los ojos abiertos mientras estornudas.

Cuando el astrónomo danés Tycho Brahe perdió la punta de su nariz en un duelo, la reemplazó por una nariz de oro. ¡Eso sí que es tener una nariz privilegiada!

Qué debes hacer:

- Coloca 6 cucharadas de bórax en uno de los recipientes y agrégale fi litro de agua fría. Agita hasta que la mayor cantidad de bórax se haya disuelto. Independientemente de cuánto revuelvas, debe quedar bórax sin disolver en el fondo. Si ves que todo el bórax se disolvió, agrega una cucharada más.
- En el otro recipiente coloca 1/2 taza de adhesivo vinílico.
- Agrega 1/2 taza de agua y revuelve.
- Agrega 2 gotas del colorante y revuelve otra vez, con energía.
- Vierte la solución de bórax con cuidado y agita hasta que la mezcla se vea espesa.
- Con los dedos, comprueba la textura del moco (tú la conoces, ¿verdad?).
- Emite un estornudo falso, ¡achús!, y muéstrale a tus amigos cuánto moco salió de tu nariz.
- Cuidado: no introduzcas este moco en tu nariz.

¿Algo salió mal?

El adhesivo vinílico es un polímero muy flexible. El bórax también es un tipo de molécula especial llamada **agente de entrecruzamiento**. Imagina que el adhesivo vinílico funciona como los laterales de una escalera plegable y el bórax como los peldaños.

El bórax hace que el adhesivo se una y se compacte. Si el moco está muy resbaladizo, puedes añadirle otra cucharada de bórax. Si está muy espeso, contiene demasiado bórax. Puedes conservar tu moco por varios días si lo mantienes en un recipiente tapado.

Vómito falso
comestible

Cuando en una encuesta reciente se le preguntó a la gente: "¿Cuál es la cosa más desagradable que produce tu cuerpo?", el ganador indiscutido fue el vómito. Sí, el vómito es realmente asqueroso, pero, si no fuera por él, tal vez no estarías leyendo esto. Vomitar es muy importante porque te permite deshacerte de los **gérmenes** y de otras sustancias contaminantes que podrían hacerte daño. ¡La próxima vez que vomites, no te olvides de agradecer!

Ahora, imagina un delicioso vómito para comer de postre.

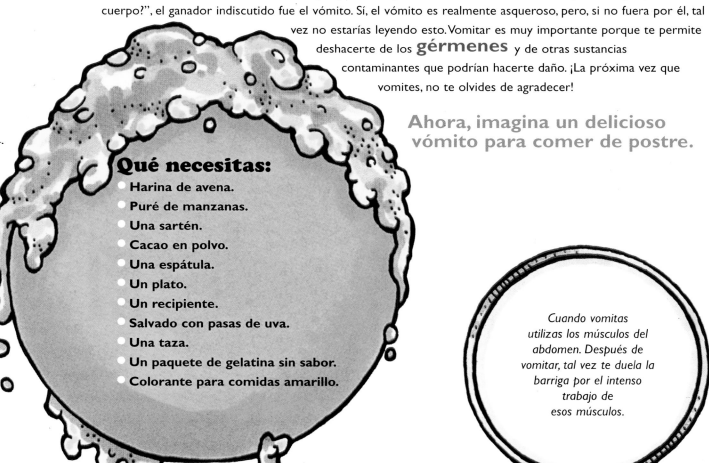

Qué necesitas:
- Harina de avena.
- Puré de manzanas.
- Una sartén.
- Cacao en polvo.
- Una espátula.
- Un plato.
- Un recipiente.
- Salvado con pasas de uva.
- Una taza.
- Un paquete de gelatina sin sabor.
- Colorante para comidas amarillo.

Cuando vomitas utilizas los músculos del abdomen. Después de vomitar, tal vez te duela la barriga por el intenso trabajo de esos músculos.

Qué debes hacer:

- Coloca un puñado de harina de avena en el recipiente y aplástalo con una cuchara.
- Agrega un puñado de salvado con pasas de uva, y aplástalo también.
- Pídele a un adulto que coloque ⁄ de taza de puré de manzanas en la sartén, a fuego mediano. Cuando el puré de manzanas comience a hervir, que añada el paquete de gelatina y revuelva bien.
- Luego debe agregar una pizca de cacao en polvo y revolver mucho. Apaga el fuego.
- Espolvorea un poco de la mezcla de harina de avena y salvado sobre la sartén.
- Agrega 2 gotas del colorante de comidas. Revuelve la mezcla un poco (si la revuelves mucho, los asquerosos "trozos" de tu vómito desaparecerán).

- Con la espátula, coloca la mezcla sobre un plato.
- Espárcela y moldéala hasta que parezca un vómito real.
- Déjala enfriar durante varias horas.
- Quítala del plato con la espátula.
- Asquea a tu tía comiendo vómito hasta más no poder.

¿Algo salió mal?

La gelatina sirve para que el puré de manzanas y los trocitos de cereal formen una masa. Si el vómito quedó demasiado compacto, inténtalo otra vez poniendo menos gelatina. ¿Quedó muy homogéneo? Prueba revolver menos, así no desaparecen los asquerosos trozos de "comida sin digerir".

Galletas de caca falsa

Dice un viejo refrán: **"El ahorro es la base de la fortuna"**. Pero si se trata de caca, es mejor no guardar. No te quedes con nada: si no te desprendes de tus desechos sólidos, también conocidos como "heces", "excrementos" o "materia fecal", estarás en serios problemas.

Cuando un animal no puede hacer caca, se dice que está constipado, y la **constipación** no es nada bueno. Defecar es importante porque es la forma en la que el cuerpo se deshace de lo que no necesita o no le sirve.

Qué necesitas:

- Una taza.
- Un recipiente.
- Una cacerola.
- Una cuchara de madera.
- Margarina.
- Azúcar blanca.
- Cacao en polvo.
- Azúcar negra.
- Esencia de vainilla.
- Harina.
- 1 huevo.
- Avena arrollada.
- Colorante para comidas verde.
- Cereales.
- Una placa para hornear.

En la Edad Media, había que ser muy cuidadoso al caminar por la calle. Como en las casas no había inodoros (todavía no se habían inventado), la gente hacía sus necesidades líquidas y sólidas en un recipiente llamado "orinal", que luego vaciaba por la ventana. ¡Qué linda sorpresa caída del cielo!

Qué debes hacer.

¡Cuidado! Para este experimento necesitarás la ayuda de un adulto.

- Pídele a un adulto que derrita en la cacerola 1/2 taza de margarina, 1/2 taza de azúcar blanca y 4 cucharaditas de cacao. Mientras tanto, pon en el recipiente 1/2 taza de azúcar negra, el huevo, 1/2 cucharadita de esencia de vainilla, 1 taza de harina y 3/4 de taza de avena arrollada.
- Revuelve bien. Pídele a tu ayudante que añada la mezcla de cacao a tu recipiente y revuelve otra vez.
- Agrega un chorrito de colorante.
  Añade 1/2 taza de cereal y mezcla (si estás usando hebras de trigo, primero debes deshacerlas).
- Dale a la masa forma de caca. Puedes aplastarla para que parezca un gran pastel de bosta de vaca o moldear pequeñas heces de gato. Recuerda que la masa se achatará un poco al cocinarla.
- Coloca las galletas en la placa para hornear y pídele a tu ayudante adulto que las cocine en horno muy caliente durante entre 9 y 11 minutos (prométele que le convidarás). Déjalas enfriar.

- Sirve las galletas en un plato o sobre una servilleta (aunque se ven más asquerosamente reales si las presentas de a una, sobre un trozo de papel higiénico).
- Busca a alguien que no haya estado en casa mientras cocinabas y pregúntale: "¿Quieres probar este exquisito manjar?".

¿Algo salió mal?

Todas las galletas que hornees en la placa deben tener el mismo tamaño porque si colocas las pequeñas heces de gato con los pasteles de bosta gigantes, las primeras se cocinarán antes que las otras. Si la masa se deshace fácilmente y no puedes moldearla, humedécela con un poco de leche o con unas cucharadas de margarina hasta que puedas darle forma.
Si no puedes moldearla porque está demasiado líquida, agrégale harina de a poco.

¿Cuánto pis eres capaz de hacer?

La orina es otra de las formas en que tu cuerpo elimina lo que no necesita. Tus **riñones** deciden cuáles son las cosas de la sangre que hay que conservar y cuáles son las que hay que eliminar: **"Aquí hay demasiada agua... ¡Te vas!". "Necesito esta azúcar... ¡Te quedas!"**. Este proceso de "filtrado de la sangre" ocurre constantemente, cada 30 minutos, durante toda tu vida.

Lo que desechan los riñones viaja directamente a la **vejiga**, que es la parte del cuerpo donde se almacena la orina. Cuando tu vejiga se llena, dices: **"¡Ay, me estoy haciendo pis!"**.

Qué necesitas:

- **Un recipiente de plástico vacío que puedas descartar** (por ejemplo, una botella de agua mineral o un botellón de yogur).
- **Un marcador indeleble.**
- **Un vaso medidor.**
- **Agua.**
- **Un anotador y un lápiz.**
- **Jabón.**
- **Una toalla.**
- **Privacidad.**

"¡Dios, qué nervios. Tengo que hacer pis!" Cuando estás muy nervioso, tu presión sanguínea sube, tus riñones filtran más sangre y sientes muchos deseos de orinar.

24

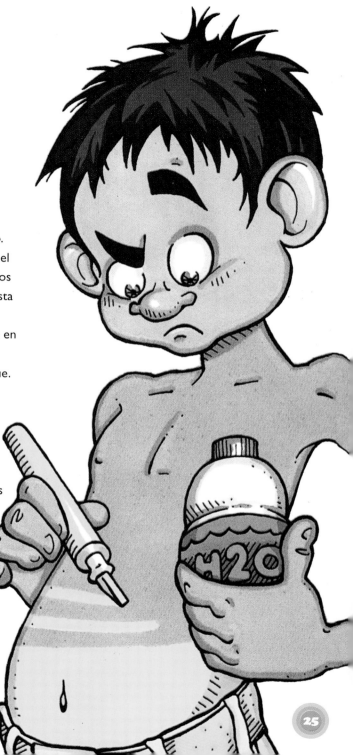

Qué debes hacer:

- Antes que nada, pide permiso en casa para hacer este experimento.
- Coloca 100 mililitros de agua dentro del recipiente plástico. Señala el nivel de líquido con el marcador indeleble. Agrega otros 100 mililitros de agua y haz una nueva marca. Continúa haciendo estas marcas hasta el borde del recipiente y luego tira toda el agua.
- A la mañana siguiente, orina dentro del recipiente marcado. Escribe en el anotador la fecha, la hora y la cantidad de pis que hiciste.
- Vuelca la orina dentro del inodoro, aprieta el botón y vacía el tanque.
- Lava muy bien el recipiente y lávate bien las manos con jabón.
- Recuerda que el pis no tiene bacterias pero que, después de un tiempo, las bacterias del ambiente se alojan allí.
- Cada vez que hagas pis, repite estas instrucciones.
- Al finalizar el día, suma todo el pis que hayas hecho.
- Al día siguiente, y durante todo el día, bebe toda el agua que puedas y registra las cantidades de pis del mismo modo que el día anterior.

¿Conclusiones?

¿Algo salió mal?

El día que bebes mucha agua probablemente hagas más pis. Pero si es un día muy caluroso o haces mucho ejercicio, seguramente tu cuerpo también eliminará agua a través del sudor. La cantidad de pis que haces depende de cuánto bebes, del clima y de las actividades que realizas.

Fábrica de saliva

Cuando tienes la nariz congestionada, no le sientes sabor a la comida. Esto sucede porque la nariz y la boca trabajan juntas para ayudarte a saborear lo que comes. Piensa, por ejemplo, en un delicioso pastel que se cocina en el horno. Las moléculas de pastel flotan por el aire, entran por tu nariz, llegan a la parte posterior de tu lengua y luego se disuelven en tu **saliva**. Mmmmm... ¡Saboreaste el pastel sin llevártelo a la boca!

A veces comes algo asqueroso y dices: *"¡Esto sabe a caca!"*. Entonces tu astuto primo te pregunta: "¿Cómo lo sabes? ¿Alguna vez comiste caca?".

Ahora que eres un asquerosólogo hecho y derecho, puedes decirle que no, pero que la conexión entre el olfato y el gusto te permite saberlo. ¡Ahí tienes!

Cuando estás por saborear un delicioso bocado, tu boca se prepara produciendo una gran cantidad de saliva. Antes de tragar, tus **glándulas salivales** liberan saliva en tu boca y la saliva humedece la comida, lo que permite que te resulte más sencillo tragar y digerir. Esta manía salival no se limita a los olorcillos tentadores... tu amigable saliva también aparece cuando hueles algo ácido o algo amargo, para ayudarte a atenuar el impacto de lo que estás por comer ¡Gracias, saliva!

Qué necesitas:

- Una botella de jugo de limón o de vinagre.

En algunos países, puedes ir a la cárcel o tener que pagar una multa por escupir en público.

26

Qué debes hacer:

- Abre la botella de jugo de limón o de vinagre.
- Pon tu nariz en el pico e inhala profundamente. ¡No bebas el líquido, sólo huélelo!
- ¿Qué sucede en tu boca?

¿Algo salió mal?

Si no se te hizo "agua la boca", seguramente es porque tienes la nariz congestionada. Realiza este experimento con varios voluntarios. Para hacerlo, primero véndales los ojos y prueba con distintos líquidos: agua, gaseosa, leche o té helado. Luego hazles oler el jugo de limón o el vinagre y pregúntales qué líquido les hizo producir más saliva.

El trabajo de la saliva

La saliva que produces (entre uno y dos litros por día) no la produces porque sí: te ayuda a tragar la comida, gracias a que la torna blanda y resbaladiza; te ayuda a saborear y disfrutar cada bocado, gracias a que los disuelve en tu boca; te protege de las **caries** y otras enfermedades, gracias a que tiene sustancias bactericidas y, por si esto fuera poco, comienza a preparar los alimentos para que tengas una buena digestión.

Sí, ¡la saliva es verdaderamente especial!

Una sustancia química de la saliva llamada **amilasa salival** se ocupa de romper las largas moléculas de **almidón** que están presentes en algunos alimentos como los cereales, el arroz, el maíz o las papas. Las moléculas de almidón son realmente largas y tu cuerpo no puede aprovecharlas a menos que se dividan en trozos más pequeños.

Cien años atrás, la gente tenía en su casa unos recipientes especiales para escupir, llamados escupideras. Estos adminículos especiales no sólo servían para recibir sabrosos escupitajos sino también restos de tabaco, que en esa época se mascaba y luego se escupía.

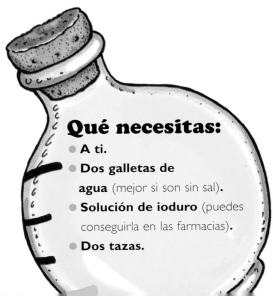

Qué necesitas:
- **A ti.**
- **Dos galletas de agua** (mejor si son sin sal).
- **Solución de ioduro** (puedes conseguirla en las farmacias).
- **Dos tazas.**

Al romperlas, tu saliva transforma las moléculas de almidón en moléculas de azúcar (no se trata del azúcar que se le agrega a la leche, sino de una familia de moléculas a las que también pertenece el azúcar de mesa). Y así es como un humilde trozo de pan queda convertido en un tipo de azúcar. ¡La vida es más dulce gracias a la saliva!

Qué debes hacer:

- Muele una galleta con la mano y ponla dentro de una taza.
- Mastica la otra galleta hasta que esté bien pastosa, pero ¡no la tragues!
- Escupe la masa de galleta masticada dentro de la otra taza.
- Vierte algunas gotas de solución de Ioduro en cada taza y observa qué sucede. ¿De qué color es el ioduro?
- **Ten mucho cuidado de no ingerir la solución de ioduro porque es tóxica** (además, arruinarías el experimento).

¿Algo salió mal?

El ioduro cambia de color cuando entra en contacto con el almidón. Seguramente, la solución que vertiste sobre la galleta molida se volvió azul oscuro o negra, revelando la presencia de almidón. En cambio, si tu saliva trabajó correctamente, el ioduro vertido sobre la galleta masticada probablemente conservó su color café, porque la saliva transformó la mayor parte del almidón en azúcar.

Si el experimento no funcionó, repítelo. Pero esta vez mastica bien la galleta antes de agregarle el ioduro. Si tampoco funciona, antes de verterlo sobre la galleta, agrégale agua al ioduro hasta que éste tome un color café claro.

masticado

molido

Un detector de cera infalible

Mira las orejas de tus amigos en busca de cera. No debería resultarte difícil encontrar alguno que tenga cera a simple vista, pues todos tenemos un poco. El canal del oído externo, que está justo en la abertura de la oreja, tiene glándulas productoras de cera. Lo fantástico de esta cera es que atrapa todo lo que puede introducirse en tu oído y ensuciarlo. Una vez que la cera atrapó la suciedad, se seca, forma pequeñas bolitas y, finalmente, se cae con los movimientos que hacemos al bostezar, masticar o tragar. Pero algunas veces, la acumulación de cera se endurece dentro del oído y debe ser extraída por un médico o disuelta con unas gotas especiales.

Qué necesitas:

- **Una botella plástica de medio litro.**
  (Cuidado: no utilices una botella más pequeña.)
- **Unas tijeras.**
- **Una linterna.**
- **Una fibra indeleble de color oscuro.**
- **Cinta adhesiva transparente.**
- **Un voluntario bien dispuesto.**

Algunas personas tienen tanta cera acumulada en el oído, que creen que se están quedando sordas. Cuando el médico les saca el tapón, vuelven a oír normalmente.

Qué debes hacer:

- Quita la tapa de la botella. Pídele a un adulto que, con las tijeras, corte la parte superior de la botella, de modo que obtengas un embudo.
- Dale forma a la parte ancha de tu embudo para que encaje cómodamente en la "boca" de la linterna.
- Pinta el interior del embudo con la fibra y espera a que se seque.
- Fija el embudo a la "boca" de la linterna con cinta adhesiva.
- Llama a tu voluntario bien dispuesto. Es posible que debas prometerle que le darás algo a cambio de su participación.
- Para mirar correctamente dentro de su oído, dile que estire hacia arriba y hacia atrás la parte flexible de su oreja, así se endereza el canal auditivo.
- Coloca tu detector de cera lo más cerca que puedas del comienzo del conducto auditivo. ¡No adentro! **Nunca metas cosas en los oídos**.
- Enciende la linterna y busca la cera. La cera será pegajosa y color canela, o gris y quebradiza.
- Di algo como: *"¡Qué desagradable!"*

¿Algo salió mal?

¿No pudiste encontrar nada de cera? Quizás la cantidad de cera que tiene tu voluntario es tan pequeña que no se puede detectar. Búscate otro voluntario. O tal vez tu linterna necesite pilas nuevas.

¿Tienes la piel grasa?

Alguna gente tiene granos y otra, no. Es así de simple. Los granos no tienen nada que ver con usar flequillo o con comer cosas grasosas. Con lo que sí tienen que ver (y mucho) es con cuán grasa es tu piel, que es una característica genética. Si tu mamá o tu papá tuvieron granos, tú también los tendrás. Pero no te enojes con ellos, porque también los recibieron de tus abuelos, que los heredaron de tus bisabuelos.... Se entiende, ¿no?

Los granos salen en las zonas grasas de la piel. Las **glándulas sebáceas** que tienes bajo la piel son las encargadas de producir esta grasa. Si estas glándulas producen mucho sebo, tendrás la piel grasa.

Para averiguar cuántos granos podrían salirte en la adolescencia, haz este experimento:

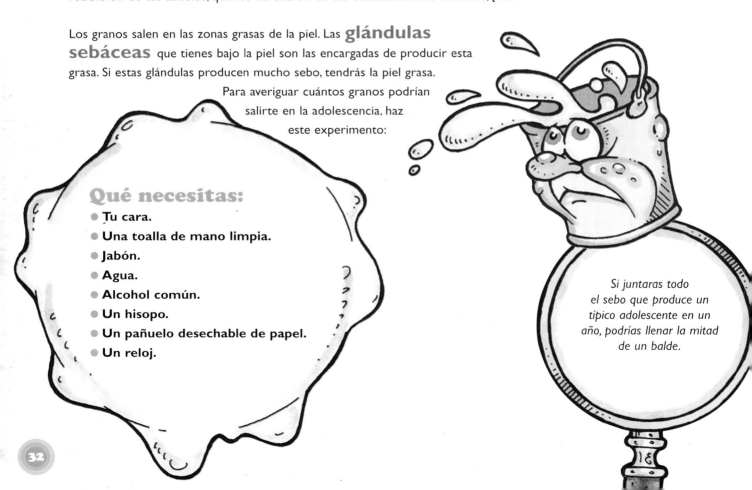

Qué necesitas:

- Tu cara.
- Una toalla de mano limpia.
- Jabón.
- Agua.
- Alcohol común.
- Un hisopo.
- Un pañuelo desechable de papel.
- Un reloj.

Si juntaras todo el sebo que produce un típico adolescente en un año, podrías llenar la mitad de un balde.

Qué debes hacer:

- Lava tu frente con agua y jabón y frótala enérgicamente con la toalla de mano.
- Profundiza la limpieza de la zona con el hisopo embebido en alcohol (cuidado: no lo pases cerca de tus ojos).
- Espera 4 horas y frota con firmeza el pañuelo por tu frente (no te toques mientras esperas).
- Si observas una marca grasosa que cubre más de la mitad del papel, tienes la piel grasa. Si ves sólo una ligera mancha, tu piel es normal. Y si el papel sigue limpio, tienes la piel seca.

¿Algo salió mal?

Este experimento es bastante preciso para determinar la grasitud de tu piel. Pero puede dar resultados falsos si lo realizas en un día de mucho calor o si haces mucho ejercicio mientras esperas que pasen las cuatro horas. En estos casos, tu frente puede cubrirse de sudor, que también dejará una marca en el papel.

Aunque descubras que tienes la piel seca, también pueden salirte granos. La mayoría de la gente tiene granos en algún momento de su vida, especialmente durante la pubertad. ¡Así que sigue lavándote la cara, porque te ayudará a mantener tus granos bajo control!

Eructos
modelo

¡Beeeerrrrrrp! Disculpen...

Eructar es un hecho natural e incontrolable. Aunque se puede eructar suavemente, la acumulación de aire que hay en tu estómago se escapa igual. En los provechitos educados y silenciosos, casi todo el aire sale por la nariz. Pero los campeones del eructo, los que realmente "lanzan" estos gases, saben cómo utilizar los músculos de la garganta y del estómago para expulsar el aire ruidosamente.

¡Beeeeerrrrp!

Qué delicados...

Los eructos se producen espontáneamente por el gas que entra en tu estómago cuando comes, bebes y hablas. Y también los puedes provocar a propósito. Haz este experimento y descubre cómo.

Qué necesitas:
- Aire.

No, un eructo atascado no saldrá por el otro extremo del tubo con forma de pedo.

Qué debes hacer:

- Imagina que estás saboreando una "sopa de aire" y traga varias "cucharadas".
- Relájate, deja pasar alrededor de un minuto y eructa. Si no lo logras, relájate aún más, aflojando los músculos de los hombros y del estómago.
- Una vez que manejes el eructo modelo al dedillo, intenta eructar frases enteras y deleitar a tus amigos con melodiosas canciones de provechitos.

¿Algo salió mal?

Si tragaste una cucharada de aire, esperaste, y nada sucedió, prueba taparte la nariz al tragar el aire, para asegurarte de que vaya directamente al estómago y que no se escape por la nariz. ¿Esto tampoco funciona?

Otra solución: traga aire, espera 30 segundos y luego contrae los músculos del estómago para que empujen el aire hacia fuera. Y, como último recurso, mantén la boca cerrada e inspira por la nariz. Trágalo y luego haz que vuelva a subir por la garganta y salga por la boca.

¡Beeeerrrrrrp!

Ocultador de olores apestosos (alias "desodorante")

"¡Tienes olor corporal? ¡Qué desagradable!"

En muchas culturas modernas (probablemente en la tuya también) andar desparramando olores desagradables no es algo que esté bien visto. La gente detesta tener que compartir el hedor de los demás. Sin embargo, el olor corporal es algo que no puede evitarse y, entonces, las personas usan **desodorantes** y **antitranspirantes** para combatirlo.

Los desodorantes matan a las bacterias que se alimentan del sudor y cuyos desechos te dejan espantosamente perfumado. (Sí, el olor corporal no es ni más ni menos que el olor de las heces bacterianas). Los antitranspirantes, por su parte, bloquean los conductos sudoríparos para que el sudor no llegue a la superficie de la piel. La mayoría de la gente compra sus armas para derrotar el mal olor corporal en las tiendas, pero tú puedes fabricarlas en casa.

Qué necesitas:

- **4 bolsas de plástico resellables.**
- **Una fibra indeleble.**
- **Bicarbonato de sodio.**
- **Almidón de maíz.**
- **Talco.**
- **Un primo o una prima adolescente, con espíritu inquieto y buena voluntad, que suela apestar.***

Los antiguos egipcios utilizaban como desodorante una preparación a base de limón y canela. Incluso, muchos se depilaban las axilas, para disminuir el olor a transpiración

* Las personas no huelen mal hasta los 12 ó 13 años, edad en la que se"despiertan" las glándulas sudoríparas que están ubicadas en las axilas.

Qué debes hacer:

- Coloca 2 cucharadas de bicarbonato de sodio en una de las bolsas e identifícala.
- Pon 2 cucharadas de almidón de maíz en otra bolsa e identifícala.
- Pon 2 cucharadas de talco en la tercera bolsa e identifícala.
- Pon 1 cucharada de bicarbonato de sodio, 1 cucharada de almidón de maíz y 1 cucharada de talco en la bolsa restante y márcala con un cartel que diga "combinación".
- Entrégale las 4 bolsas a tu voluntario y dale las siguientes instrucciones: *Mañana, al levantarte, lávate las axilas y frótalas con un poco de bicarbonato. Haz tu vida normal y al final del día huélelas para ver cuán bueno resultó el bicarbonato como desodorante. Evalúalo, utilizando una escala del 1 al 5, en la que 1 significa "excelente" y 5 "no da ningún resultado". Anota el puntaje. En los días sucesivos repite el procedimiento con el resto de los desodorantes caseros.*
- Con los resultados a la vista, evalúen juntos qué producto resultó más efectivo.

¿Algo salió mal?

El bicarbonato de sodio ayuda a reducir el olor, pero no impide que sudes. El almidón de maíz hace exactamente lo contrario. El talco te mantiene más seco y tiene un perfume agradable. La combinación de todos estos elementos debería haber sido la que provocó un efecto más cercano al del desodorante que compra tu primo en la tienda, ya que seca la transpiración y evita que huela como un chivo (algunas veces).
No olvides darle la receta del "desodorante" a tu amable y bien predispuesto voluntario.

Pis perfumado y colorido

En este preciso momento, mientras lees esta página, tu cuerpo está fabricando orina. Todos los días, tus riñones filtran unos 180 litros de sangre y vuelcan los desechos (lo que no te sirve) en tu vejiga. El pis se acumula allí hasta el momento en que lo despachas al inodoro. En un día promedio, tu cuerpo elimina ocho tazas de pis (¿recuerdas el experimento de la página 24?).

Lo realmente curioso es que, a veces, las sustancias que el riñón descarta perfuman y colorean el pis. ¿Te animas a fabricar tu propio pis aromático?

Qué necesitas:
- Espárragos cocidos.
- Remolachas cocidas.

En tu cuerpo hay una serie de órganos que se ocupan únicamente de eliminar las sustancias que tus células desechan. El conjunto de estos órganos se llama **sistema excretor**. Hace muchísimos años, la palabra inglesa "excrete" significaba "tamizar la harina", es decir, "depurarla".

Qué debes hacer:

- Come una buena cantidad de espárragos (tu abuelita estará muy orgullosa de ti) y haz vida normal.
- Cuando hagas pis, presta atención al olor que tiene. Si no está perfumado, ten paciencia porque los espárragos pueden tardar varias horas en hacer su trabajo.
- Una vez que tu pis se haya aromatizado, cómete un buen plato de remolachas (a esta altura, tu abuelita se desmayará de la emoción). Sigue haciendo tus cosas de siempre.
- A la hora de hacer pis, mira bien su color. Si el color habitual no ha cambiado mucho, espera unas horas más.
- Si deseas que tu orina coloree y perfume el agua del inodoro al mismo tiempo, cómete una deliciosa ensalada de espárragos y remolachas.

¿Algo salió mal?

No te desesperes si tu pis de espárragos no tiene olor. No todas las personas producen orina aromática después de comer espárragos. Quizá seas uno de esos afortunados (¿o desafortunados?).

¡Tu pis de remolachas no resultó rojizo? Probablemente no comiste suficientes remolachas. Inténtalo con una buena ensalada. Anímate, todo sea por la Asquerosología.

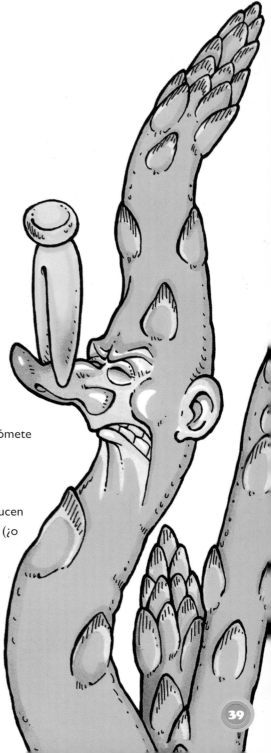

Observación de costras

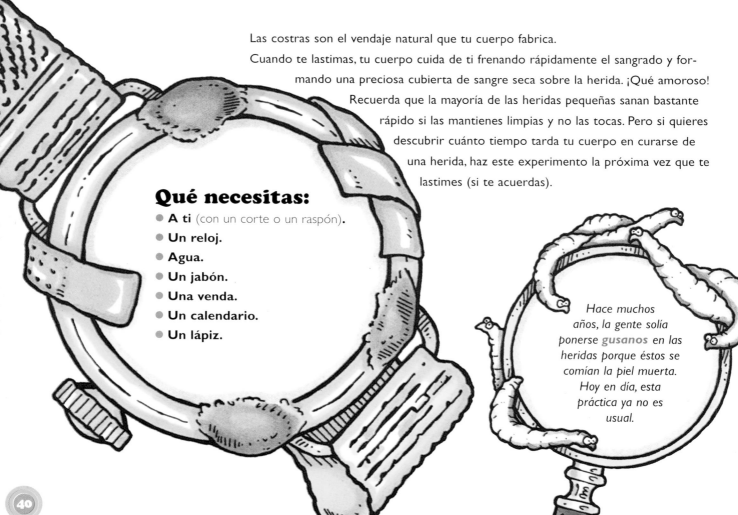

Las costras son el vendaje natural que tu cuerpo fabrica.

Cuando te lastimas, tu cuerpo cuida de ti frenando rápidamente el sangrado y formando una preciosa cubierta de sangre seca sobre la herida. ¡Qué amoroso! Recuerda que la mayoría de las heridas pequeñas sanan bastante rápido si las mantienes limpias y no las tocas. Pero si quieres descubrir cuánto tiempo tarda tu cuerpo en curarse de una herida, haz este experimento la próxima vez que te lastimes (si te acuerdas).

Qué necesitas:

- **A ti** (con un corte o un raspón).
- **Un reloj.**
- **Agua.**
- **Un jabón.**
- **Una venda.**
- **Un calendario.**
- **Un lápiz.**

Hace muchos años, la gente solía ponerse **gusanos** *en las heridas porque éstos se comían la piel muerta. Hoy en día, esta práctica ya no es usual.*

Qué debes hacer:

- Una vez que te raspes o te cortes, mira tu reloj (bueno, primero puedes quejarte un poco y luego mirar el reloj). Fíjate qué hora es.
- Limpia la herida con agua y jabón y obsérvala. Toma el tiempo para ver cuánto tarda en dejar de sangrar.
- Cubre la herida con una venda y marca el día en el que te lastimaste en el calendario.
- Observa la lastimadura todos los días (quítate la venda y cámbiala por una limpia si es necesario) y anota en el calendario la fecha en que comenzó a formarse la costra, la fecha en la que los bordes empezaron a despegarse de la piel y la fecha en la que la costra finalmente se cayó.
- Calcula cuánto tiempo pasó desde que te lastimaste hasta que tu herida se sanó completamente.

¿Algo salió mal?

Tu pequeña herida dejará de sangrar después de que hayan pasado unos seis minutos. La costra tardará aproximadamente dos días en formarse y después de varios días (hasta una semana) los bordes comenzarán a despegarse de la piel. Uno o dos días después la costra se caerá. Todo el experimento (desde el momento en que gritaste ¡Ay!, hasta que la herida se curó) debería haber durado entre diez y catorce días. ¿No es increíble la rapidez con la que tu cuerpo te deja como nuevo?

¡Cuidado!!!

Este experimento es únicamente para cortes y raspones pequeños. Si te haces un corte profundo, pídele ayuda a un adulto inmediatamente.

¿Tienes placa?

No, la placa de la que trata este experimento no es igual a la del premio que tienes colgado en la pared.

La **placa** es la película pegajosa que cubre tus dientes. Si te pasas la lengua por los dientes, sentirás la capa de bacterias (y sus desechos) que vive en tu boca. El lugar favorito de estas bacterias es la base de los dientes, donde se hacen grandes festines engullendo las partículas de comida que quedan allí. Si las dejas trabajar tranquilamente y no te cepillas los dientes con frecuencia, estas criaturas microscópicas te provocarán caries.

Al cepillarte, no logras eliminar todas las bacterias que están en tus dientes: algunas se ocultan en los pequeños pocitos de tu dentadura y, al cabo de un tiempo, hacen su regreso triunfal. Es por eso que no puedes dejar que el cepillado de dientes sea solamente para las grandes ocasiones. También es importante que uses hilo dental, porque éste elimina los espantosos microorganismos que se esconden en la base de tu dentadura. Pero estas dos poderosísimas armas, cepillo e hilo dental, pueden no ser suficientes para ganar la batalla antibacteriana. Veamos cuánto éxito tienes tú en este combate.

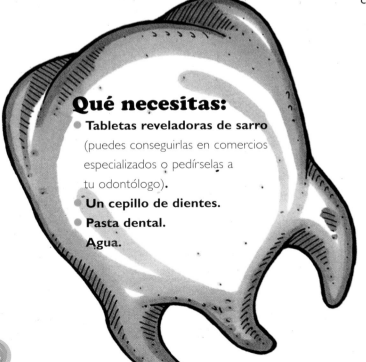

Qué necesitas:
- **Tabletas reveladoras de sarro** (puedes conseguirlas en comercios especializados o pedírselas a tu odontólogo).
- **Un cepillo de dientes.**
- **Pasta dental.**
- **Agua.**

En lugar de cepillarse los dientes, Mao Tse Tung, el ex presidente de la República Popular China, se enjuagaba la boca con té. A través de los años, sus dientes se cubrieron de una delicada película verde. ¡Qué sonrisa tan colorida!

Qué debes hacer:

- Cepíllate los dientes normalmente (no como lo haces antes de visitar al odontólogo).
- Coloca una tableta reveladora en tu boca y mastícala bien.
  Enjuágate la boca con agua, mírate en el espejo y sonríe. ¡Ajjj! ¿Qué le ocurrió a mi boca? Simple: la tableta se pegó a la placa y tiñó de color los sitios que no cepillaste bien.
- Disfruta de tu coloreada sonrisa, ¡pues así será de ahora en más! NO, era una broma.
- Cepíllate los dientes para remover la placa y las manchas que dejó la tableta en los lugares que olvidaste limpiar cuando comenzaste el experimento.

¿Algo salió mal?

Asegúrate de que la tableta disuelta llegue a todos los rincones de tu boca, porque si no lo haces sólo se coloreará el sitio donde la masticaste. Después del experimento, enjuaga bien el cepillo de dientes para quitarle todas las manchas.

El calor se va

Sudas cuando hace calor, cuando haces ejercicio físico y cuando tienes fiebre. Algunas personas dicen que "transpiran" en lugar de sudar, porque esa palabra les suena mejor. Pero **"sudar"** y **"transpirar"** significan exactamente lo mismo: agua, sales y **urea** (una sustancia de desecho que también está en el pis) fluyendo a través de los poros, esos pequeñísimos agujeritos diseminados por tu piel.

Sudar es tan importante que tu cuerpo tiene más de dos millones de generadores de sudor (glándulas sudoríparas) que, en conjunto, pueden producir hasta un litro de sudor por día. Ese sudor sale al exterior a través de los poros. La cantidad de glándulas sudoríparas que tu cuerpo desarrolla depende de dónde vivías cuando eras muy pequeño. Si te criaste en un clima cálido y tropical, tu cuerpo habrá desarrollado más glándulas sudoríparas que si te criaste en un clima frío.

¿Y para qué sirve el sudor?

El sudor es el sistema de "aire acondicionado" de tu cuerpo. Si no fuera por él, te recalentarías y eso te traería problemas realmente serios.

Descubre entonces cómo el sudor te ayuda a mantenerte fresco.

Qué necesitas:
- Algodón.
- Alcohol común.
- Tu antebrazo.

En Japón se juegan campeonatos de sudor. Los participantes corren sin moverse de su lugar, mientras se va recolectando el líquido que transpiran. Obviamente, el ganador es el más sudoroso.

Las gotas de sudor de los hombres son más grandes que las de las mujeres.

Qué debes hacer:

- Humedece con alcohol un trozo de algodón y frótalo sobre tu antebrazo.
- Sopla sobre el área humedecida. ¿Qué sientes?
- Ahora sopla sobre tu otro antebrazo.

¿Algo salió mal?

Cuando el agua del sudor se evapora (se transforma en gas), usa parte del calor de tu piel. Esa es la razón por la que te refrescas. El alcohol común se evapora mucho más rápido que el agua, así que puedes sentir los efectos enseguida. Por eso, al soplar el antebrazo frotado con alcohol, debes haber sentido que estaba mucho más fresco que el otro. Si no fue así, puede ser que el alcohol se haya evaporado tan rápido que desapareció antes de que soplaras. Intenta hacerlo de nuevo, pero esta vez utiliza más alcohol.

Puedes probar una variante de este experimento con la ayuda de un voluntario. Necesitarás dos pedazos de algodón y un poco de agua. Humedece uno de los pedazos de algodón con agua y el otro con alcohol. Pídele al voluntario que cierre los ojos y frótale un antebrazo con alcohol y el otro con agua. Sopla suavemente sobre las áreas humedecidas y luego pregúntale cuál es el brazo que siente más fresco.

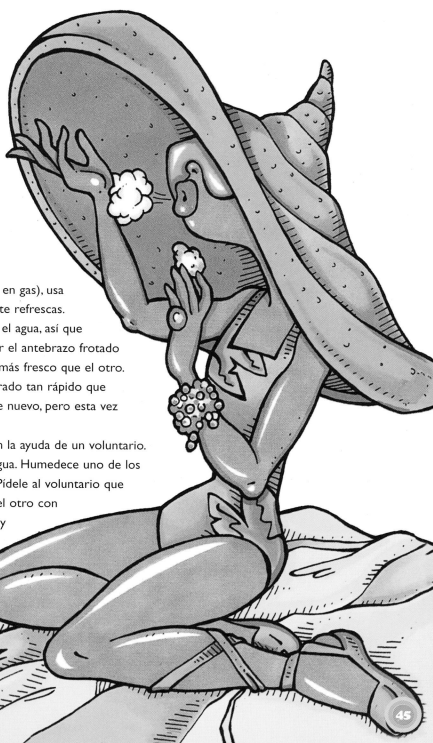

Cada vez que respiras

En este preciso instante estás respirando. Y más vale que así sea porque, de lo contrario, en breve **no podrías seguir leyendo este libro...**
Los seres humanos respiramos permanentemente. En realidad, no podrías sobrevivir mucho tiempo sin llevar aire a tus pulmones. El ritmo con el que respiras es bastante constante: unas 12 veces por minuto.

De todos modos, el ritmo disminuye cuando duermes y aumenta cuando haces ejercicio físico. La mayoría de las personas respiran sin que los demás lo noten, pero si se te acerca alguien que no se cepilla los dientes con frecuencia o que ha comido una riquísima pizza de ajo y cebolla, cada respiración suya será imposible de olvidar.

Qué necesitas:
- Una calculadora.
- Lápiz y papel.

Halitosis es la forma sofisticada de decir "mal aliento".

Qué debes hacer:

- Respiras 12 veces por minuto. Para averiguar cuántas veces respiras en una hora, multiplica 12 por 60.
- Si quieres saber la cantidad de veces que respiras por día, multiplica el resultado anterior por 24.
- Ahora, si a este último resultado lo multiplicas por 365, sabrás el número de veces que respiras por año.
- Para calcular la cantidad de veces que has respirado en toda tu vida, multiplica tu edad por el número de respiraciones por año.
- La cantidad de aire que tomas en cada inspiración es de aproximadamente medio litro. Si te interesa saber cuánto aire respiras por minuto, multiplica la cantidad de respiraciones que tomas en un minuto por 0.5 (o divídelo por 2, que es lo mismo).
- Utiliza tus cálculos anteriores para averiguar cuántos litros de aire tomas cada hora, cada día, cada año y cuánto has tomado en toda tu vida.

¿Algo salió mal?

El resultado del cálculo que hiciste para averiguar cuántas veces respiraste en tu vida debe ser un número muy grande. Si la cifra no es del orden de los millones, vuelve a calcularla. Recuerda que los números que calculaste no son exactos, porque tu ritmo respiratorio depende de la actividad que estés realizando.

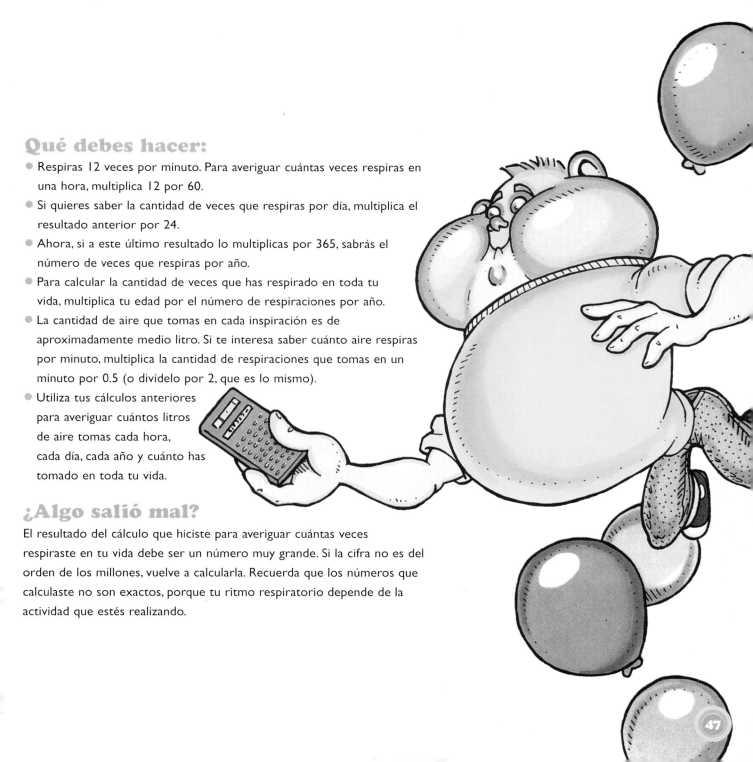

Caries al día

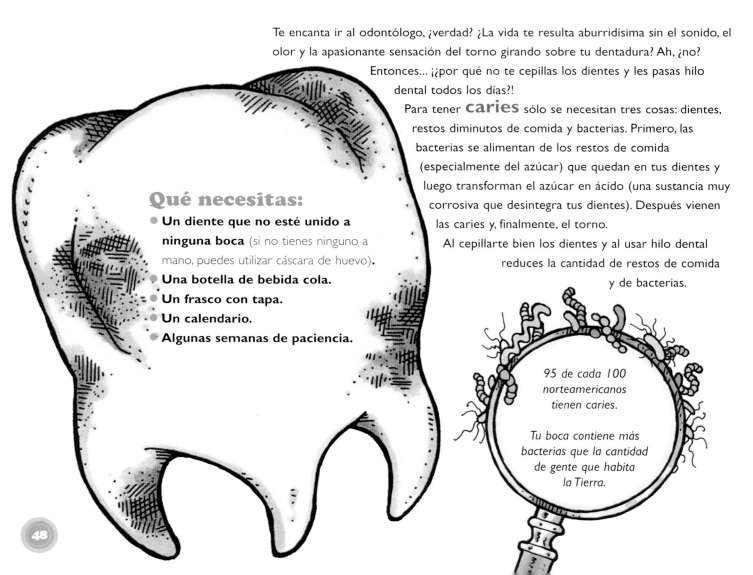

Te encanta ir al odontólogo, ¿verdad? ¿La vida te resulta aburridísima sin el sonido, el olor y la apasionante sensación del torno girando sobre tu dentadura? Ah, ¿no? Entonces... ¡¿por qué no te cepillas los dientes y les pasas hilo dental todos los días?!

Para tener **caries** sólo se necesitan tres cosas: dientes, restos diminutos de comida y bacterias. Primero, las bacterias se alimentan de los restos de comida (especialmente del azúcar) que quedan en tus dientes y luego transforman el azúcar en ácido (una sustancia muy corrosiva que desintegra tus dientes). Después vienen las caries y, finalmente, el torno.

Al cepillarte bien los dientes y al usar hilo dental reduces la cantidad de restos de comida y de bacterias.

Qué necesitas:

- **Un diente que no esté unido a ninguna boca** (si no tienes ninguno a mano, puedes utilizar cáscara de huevo).
- **Una botella de bebida cola.**
- **Un frasco con tapa.**
- **Un calendario.**
- **Algunas semanas de paciencia.**

95 de cada 100 norteamericanos tienen caries.

Tu boca contiene más bacterias que la cantidad de gente que habita la Tierra.

Qué debes hacer:

- Sirve un poco de bebida cola en el frasco y pon el diente allí.
- Marca la fecha en el calendario.
- Observa el diente varias veces a la semana, durante algunas semanas. ¿Qué ves?

¿Algo salió mal?

El ácido de la bebida cola actúa en el diente de la misma manera que las bacterias en tu boca. A medida que el ácido corroe la superficie, el diente comienza a desintegrarse.

Cuando bebes, la bebida cola pasa por tu boca tan rápidamente que no puede realizar un ataque certero sobre tus dientes (al revés de lo que sucedió con el diente que estaba en el frasco). Para que la bebida cola realmente destruya tu bella dentadura deberías mantenerla en tu boca durante varias semanas. Un tanto difícil, ¿verdad? Si no notaste ningún cambio en el diente, continúa con el experimento un tiempo más. Puedes renovar la bebida cola del frasco, especialmente si ves que se está transformando en un asqueroso brebaje.

Encuesta de "Sacamocos"

Siete de cada diez personas admiten que se sacan los mocos. Al menos eso es lo que dicen los resultados de una investigación. Si lo deseas, puedes hacer tu propia encuesta para determinar cuánta gente de la que tú conoces se los saca. Para hacerlo, necesitarás una tabla como ésta:

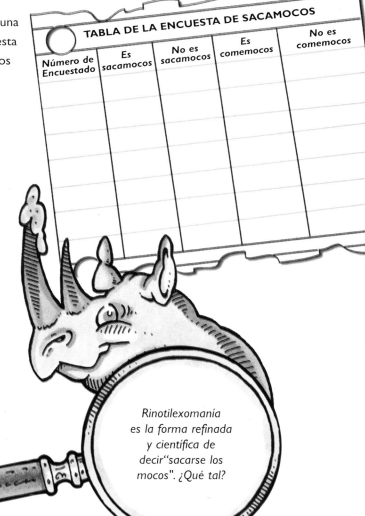

Número de Encuestado	Es sacamocos	No es sacamocos	Es comemocos	No es comemocos

TABLA DE LA ENCUESTA DE SACAMOCOS

Qué necesitas:

- Lápiz y papel.
- Voluntarios honestos.

Rinotilexomanía es la forma refinada y científica de decir "sacarse los mocos". ¿Qué tal?

Qué debes hacer:

- En el papel, haz una tabla como la del ejemplo.
- Busca un voluntario y dile: **"Estoy realizando una encuesta, ¿puedo hacerte algunas preguntas?"**. Promételе que la encuesta será anónima (esto significa que nunca le dirás a nadie el nombre de las personas que respondieron tus preguntas), y **¡cúmplelo!**
- Anota el número de voluntario donde dice "**Número de Encuestado**". La primera persona encuestada tendrá el número 1, la segunda el número 2 y así sucesivamente. Luego pregúntale: **"¿Te sacas los mocos?"**. Si la respuesta es **"sí"**, haz una cruz debajo de la columna **"es sacamocos"**, si responde **"no"**, la cruz debe ir debajo de la columna **"no es sacamocos"**.
- Si el encuestado no se saca los mocos, dile: **"Muchas gracias por participar en este importante estudio científico"**. Si se los saca, pregúntale: **"¿Y también te los comes?"**. Haz una cruz debajo de la columna que corresponda y agradece al voluntario.
- Repite la encuesta con 25 personas y analiza los resultados. ¿Cuántos **"sacamocos"** encontraste? Y de ellos, ¿cuántos son **"comemocos"**?

¿Algo salió mal?

En un estudio científico sobre este tema, se determinó que 70 de cada 100 personas admiten que se sacan los mocos, y de esas 70, sólo 3 admiten que se los comen. Como no entrevistaste a 100 personas sino a 25, para mantener la proporción tus resultados deberían mostrar 17 ó 18 "sacamocos" y a lo sumo 1 "comemocos".

No te preocupes si los resultados que obtuviste no se parecen a éstos. Quizá sacarse los mocos no sea un hábito común entre tus conocidos, o peor aún, quizá no puedan parar de sacárselos. O puede que tus voluntarios fueran todos muy jóvenes o todos mayores (la costumbre de sacarse los mocos varía con la edad).

No te asombres si durante la encuesta te hacen algunas preguntas curiosas al estilo de: "¿Se supone que soy un sacamocos si me los saco con un pañuelo?". En este caso puedes decidir lo que te parezca mejor, según tu criterio de encuestador. O también algo como: "¿Soplarlos para afuera es lo mismo que sacárselos?". No, no es lo mismo. Y si alguna persona te dice que prefiere no responder, no lo incluyas en la tabla del estudio.

La prueba del papel higiénico

Lo usas todos los días, pero probablemente no le prestas mucha atención, a menos que te falte en un momento crucial. Y es entonces cuando te das cuenta de cuán necesario es el papel higiénico.

Sin embargo, antes de que los hermanos Scott lo inventaran en 1879, la gente no lo necesitaba sencillamente porque usaba otras cosas. Hoy es un artículo común en la mayoría de las casas y tienes muchas marcas para elegir. Para saber cuál es la marca más absorbente y resistente, prueba con este experimento.

En 1907, por un error en una fábrica de papel higiénico, los rollos producidos resultaron demasiado grandes. Así fue como nacieron las toallas de papel.

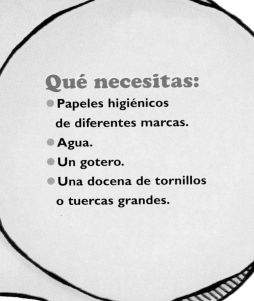

Qué necesitas:

- Papeles higiénicos de diferentes marcas.
- Agua.
- Un gotero.
- Una docena de tornillos o tuercas grandes.

Test de absorción
Qué debes hacer:

- Elige uno de los rollos, corta 3 cuadrados de papel y apílalos para obtener un cuadrado de tres capas. Haz lo mismo con el resto de los rollos.
- Con el gotero, pon una gota de agua en cada cuadrado de tres capas.
- Levanta la primera capa de cada cuadrado y fíjate si el agua pasó a la segunda. Si así fuera, fíjate qué pasó en la tercera capa. En los casos en que esta capa no se haya mojado, sigue agregando gotas hasta que lo consigas.
- Clasifica las marcas de acuerdo con su capacidad para absorber el agua: la primera que dejó pasar el agua a la tercera capa es la menos absorbente, la última es la que absorbe mejor.

Test de resistencia
Qué debes hacer:

- Corta un cuadrado de cada marca y humedécelo en el centro.
- Coloca un tornillo o una tuerca sobre cada uno.
- Levanta cada cuadrado desde la puntas. ¿Se rompen? Si no se rompen, continúa agregando tornillos o tuercas hasta que se rompan al levantarlos.
- Clasifica las marcas de acuerdo con su resistencia: el papel higiénico que haya soportado menos tornillos será el menos resistente y el que haya aguantado más, el más fuerte.

¿Algo salió mal?

Si todas las muestras de papel higiénico se rompieron al hacer el test de resistencia, humedécelas un poco menos o, directamente, no las mojes. Ten presente que el hecho de que una marca sea más absorbente o más resistente que las otras no quiere decir que sea la mejor. La marca que usan en tu casa puede ser la más económica, la que está hecha con papel reciclado o la más suave. La resistencia y la absorción son sólo dos características de las varias que pueden ayudarte a decidir cuál papel higiénico usar.

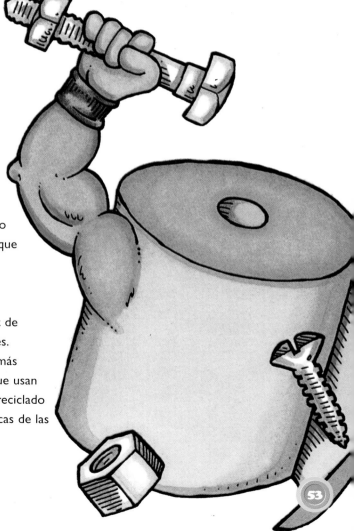

Hotel para cucarachas

Cockroach es la palabra inglesa para decir "cucaracha". Ambas palabras suenan parecido, porque la del inglés deriva del español. En nuestro idioma, "cuca" es el nombre de una oruga y "acha" es un sufijo que da la idea de algo despreciable. O sea que ya hace mucho tiempo que las cucarachas no integran la lista de las criaturas adorables, independientemente del idioma con que se las nombre.

Sin embargo, este insecto que tiene un cerebro complejo en su cabeza y otro sencillo en la espalda no es tan desagradable como parece. Es una criaturita bastante limpia y come absolutamente de todo (¿se puede decir lo mismo de ti?). Si quieres conocerla más de cerca, prueba con este experimento.

Qué necesitas:

- Una o dos cucarachas vivas.
- Un plato desechable.
- Vaselina sólida.
- Un frasco grande con tapa.
- Un recipiente pequeño.
- Una esponja que quepa dentro del recipiente.
- Agua y varios tipos de comida.

¡Cuidado!!!

Antes que nada, avísales a tus padres que vas a hacer este experimento, porque alguna cucaracha podría escaparse.

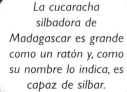

La cucaracha silbadora de Madagascar es grande como un ratón y, como su nombre lo indica, es capaz de silbar.

Qué debes hacer:

- Prepara tu trampa para cucarachas: unta el plato con vaselina y agrégale unos trocitos de alguna comida apetitosa (por ejemplo, pan blanco o galletas de chocolate).
- Busca un lugar de la casa donde creas que puede haber cucarachas. Si no aparece ninguna al cabo de un tiempo, fíjate donde haya madera apilada o deja el plato cerca del bote de basura de algún restaurante. Trata de no anunciar tus planes a los comensales, para no arruinarles el almuerzo.
- Mientras esperas la aparición de las futuras huéspedes, limpia el frasco, hazle unos agujeros en la tapa, pon el pequeño recipiente con agua dentro de él y luego coloca la esponja en el agua. Para tener un hotel 5 estrellas, puedes decorar la habitación con escondites hechos con palitos o con trocitos de cartón.
- Controla la trampa para cucarachas en la mañana. Si atrapaste varias cucarachas, prepara una habitación para cada una o elige la que más te guste y colócala dentro del frasco.
- Déjala acostumbrarse a su nuevo hogar. Te darás cuenta de que tu nueva amiga se ha calmado cuando deje de moverse frenéticamente.
- Ponle un nombre y dale distintos alimentos para ver cuál prefiere. Trátala con cariño y **ni se te ocurra soltarla dentro de la casa**.

¿Algo salió mal?

Si tu trampa no dio resultado, tal vez puedas pedirle una cucaracha a algún vecino o conseguir una en una compañía que venda productos veterinarios.

Las cucarachas necesitan agua, así que asegúrate de que el recipiente tenga siempre agua. Pero ten cuidado de no llenarlo mucho, porque tu nueva amiga podría ahogarse al tratar de beber. Las cucarachas que gozan de buena salud pueden vivir desde algunos meses hasta varios años. ¡Así que prepárate para una larga amistad!

Pan con moho

¡Hay un **hongo** entre nosotros! En la heladera, en el baño y hasta en tu habitación.

A este hongo también se lo conoce como moho, y normalmente no puedes ver uno solo, porque su tamaño es pequeñísimo (¡microscópico!). Lo que ves crecer en el pote de queso crema es una legión de hongos que comen sin parar casi todo lo que encuentran a su paso.

¿Y dónde supones que el moho del pan crece mejor?

¿En la oscuridad o a plena luz? ¿No sabes? Entonces, haz este experimento y entérate.

Qué necesitas:

Dos rebanadas de pan.
Dos bolsas de plástico resellables.
Agua.

En nuestro planeta existen más de 100 000 tipos diferentes de hongos.

El encantador moho verde que crece en el pan y en las naranjas produce un antibiótico: la **penicilina**. Pero ni se te ocurra pasarle la lengua al pan cuando te enfermes, ya que la penicilina que te receta el doctor está procesada y esterilizada.

Qué debes hacer:

- Coloca una rebanada de pan en cada bolsa. Si deseas que tu pan quede realmente mohoso, frota las rebanadas contra una superficie polvorienta antes de meterlas en las bolsas.
- Mójate los dedos con agua y salpica las rebanadas para humedecerlas. Ten cuidado de no empaparlas.
- Cierra las bolsas y coloca una en un rincón oscuro y la otra en un lugar iluminado.
- Al cabo de 5 días observa las bolsas. ¿Cuál contiene más cantidad de "amigos peludos"?
- Desecha las bolsas con el pan mohoso después de mostrárselas a tu tía abuela.

¿Algo salió mal?

Probablemente hayas descubierto que en el pan que guardaste en el rincón oscuro creció más moho. Al moho le encantan los lugares cálidos, oscuros y húmedos. Es por eso que las casas comienzan a pudrirse por los cimientos y no por el techo (que recibe mucho sol).

Si tu pan no quedó mohoso, fíjate si está duro. Si lo está, quiere decir que no le agregaste suficiente agua antes de cerrar la bolsa. Repite el experimento, pero esta vez utiliza más agua. Si el pan está muy blando, significa que le pusiste demasiada agua. Vuelve a intentar con menos cantidad. Como al moho también le gusta el calor, puede que no haya crecido si pusiste la bolsa en un lugar frío. Repite el experimento colocando una bolsa en un rincón cálido y soleado y la otra en un área cálida y oscura.

Leche cuajada

Metes la cuchara en el plato de cereales, saboreas la leche que los cubre y... *glup, glup... ¡Puaj!* O te llevas un vaso de leche a la boca y tragas un sorbo. *¡Qué asco! ¡Está agria!* No culpes a la vaca si la leche está cortada: la culpa la tienen las bacterias que están en la leche. Incluso un cartón de leche recién salido de la fábrica contiene bacterias.

Estos microorganismos se reproducen sin que tú lo notes... hasta que al cabo de aproximadamente una semana, los desechos de estas adorables criaturas terminan por agriar la leche. Si dejas pasar más tiempo, las proteínas de la leche se juntan y forman los grumos blancos característicos de la leche cuajada.

Para averiguar qué agente es más eficiente para cuajar la leche, el frío o el calor, prueba a hacer este asquerosísimo experimento.

Qué necesitas:
- Leche.
- Un vaso.
- Dos frascos pequeños con tapa.
- Un refrigerador.
- Lápiz y papel.

La leche es un 88 por ciento de agua más un puñado de vitaminas, proteínas, minerales, glóbulos de grasa y algunas bacterias. ¡Delicioso!

Qué debes hacer:

- Sirve la leche en un vaso y déjalo fuera del refrigerador durante varias horas, hasta que la leche esté a temperatura ambiente. Ponle un cartel al vaso que diga **"NO BEBER"**.
- Luego, vierte la mitad de la leche en un frasco, tápalo, ponle un cartel de **"NO BEBER"** y guárdalo en un lugar seguro dentro del refrigerador.
- Pon el resto en el otro frasco, tápalo, ponle un cartel de **"NO BEBER"** y colócalo en un lugar seguro en un área cálida. Asegúrate bien de que nadie vaya a beber tu experimento.
- Observa la leche después de varios días. ¿Notas lo mismo en los dos frascos?
- Si te dan permiso, prolonga el experimento unos días más. ¿Qué ves después de una semana? Un consejo: ni se te ocurra oler el contenido porque podrías vomitar.
- Desecha los dos frascos cuando se hayan vuelto demasiado repugnantes.

¿Algo salió mal?

La leche del frasco que pusiste en el área cálida se cuajó más rápido que la que colocaste en el lugar frío, porque a las bacterias les encanta el calor, y en un ambiente cálido se reproducen más rápidamente que en uno frío.
¿La leche no se cuajó? Espera varios días más. Si al cabo de este tiempo tu experimento sigue igual, puede ser que la cantidad de bacterias sea insuficiente. Hazlo de nuevo, pero esta vez deja el vaso de leche fuera del refrigerador durante más tiempo antes de dividirlo en los dos frascos.
O quizá colocaste el segundo frasco en un lugar demasiado frío.
Prueba con un rincón más cálido.

Cultiva tus propias bacterias

¡Están en todas partes! No, no son extraterrestres, son bacterias.

Las bacterias viven en tu cara, comen en tus intestinos, nadan en el fregadero de la cocina y se reproducen en el baño. Sí, el diminuto mundo bacteriano te tiene rodeado.

Mucha gente utiliza indistintamente las palabras "gérmenes" y "bacterias". Pero no son la misma cosa. Los gérmenes bacterianos son malos para el organismo: algunos, como la **Salmonella**, se desarrollan en ciertos alimentos y pueden intoxicarte, otros, como el **estreptococo**, producen la faringitis estreptocócica. Sin embargo, hay algunas bacterias que son muy útiles. Las que viven en tus tripas, por ejemplo, transforman los alimentos y fabrican la vitamina K. Además, sin las bacterias la vida sería mucho menos sabrosa, porque el queso y el yogur que comes cada mañana no existirían si no fuera por ellas.

Qué necesitas:

- 1 cubo de caldo de gallina deshidratado.
- Agua.
- Azúcar.
- Tres recipientes muy, pero muy limpios.
- Una olla.
- Plástico autoadherente.

Una cucharada de yogur puede contener aproximadamente 10 millones de bacterias vivas. ¡Qué deliciosas son!

Qué debes hacer:

Antes que nada, busca a un adulto para que te ayude con la primera parte del experimento.

- Vierte 3 tazas de agua dentro de la olla. Es mejor utilizar agua destilada, pero si no tienes, usa agua del grifo.
- Agrega el caldo y 1 cucharada de azúcar.
- Pídele a tu ayudante que hierva la mezcla durante algunos minutos y que luego la saque del fuego y la tape.
- Cuando el caldo se haya entibiado, viértelo en cantidades iguales en cada uno de los tres recipientes. Deberías tener un poco menos de una taza en cada recipiente.
- Coloca los recipientes en tres lugares distintos. Podrías ubicar uno detrás del inodoro, otro cerca del bote de basura y el tercero al lado del fregadero. También puedes toser un poco dentro de uno de ellos y meter los dedos sucios en otro.
- A la mañana siguiente, retira los recipientes de donde los dejaste el día anterior, cúbrelos bien con el plástico autoadherente y colócalos en un lugar seguro.
- Deja crecer las bacterias durante una semana y luego observa qué obtuviste.
- Desecha los frascos cuando se hayan vuelto demasiado repugnantes y lávate bien las manos.

¿Algo salió mal?

Si las bacterias crecieron, el líquido se verá turbio y probablemente veas unos puntos verdes, blancos o negros y algo similar a los copos de algodón. Si, en cambio, el caldo está transparente, entonces no has tenido éxito. Puede que hayas guardado los recipientes en un lugar demasiado frío o que los hayas colocado en un área donde había poca cantidad de bacterias. ¡Vuelve a intentarlo!

¡Cuidado!!!

Pon un cartel que diga **"NO BEBER"** en cada uno de los recipientes y asegúrate de que en tu casa todos sepan que estás haciendo este experimento.

Pellets de lechuza

Si fueras una lechuza y hubieras comido una apetitosa cena hace casi un día, en este momento probablemente estarías preparándote para vomitar. ¡Y eso estaría muy bien!

La lechuza no tiene dientes y por eso traga su comida de un bocado (una comida que puede ser un ratón entero, por ejemplo). En su estómago, los fuertes ácidos disuelven las partes blandas, pero las partes duras o difíciles de digerir (como los huesos, los dientes, los pelos o las plumas) quedan allí.

Y como la abertura que une el estómago con el intestino es demasiado pequeña para que los restos duros puedan pasar por allí y salir por el otro extremo, deben salir por la boca. Esos agradables vómitos se llaman **pellets** (que en inglés significa "bola" o "bolita") y contienen, entre otras cosas, hasta tres esqueletos completos de las presas que engulló la lechuza. Y, al igual que los excrementos, los **pellets** son para los científicos una buena fuente de información sobre los animales que viven en ese lugar.

Qué necesitas:

- **Guantes de goma.**
- **Un pellet de lechuza** (puedes buscarlo en un lugar donde haya un nido de lechuza o averiguar si los venden en los comercios de materiales educativos).
- **Una hoja de papel blanco.**
- **Pinzas de disección.**
- **Una aguja larga.**
- **Pegamento.**
- **Una cartulina.**

*Las lechuzas no son los únicos animales que vomitan pellets. Los halcones, las águilas y otras **aves rapaces** también lo hacen.*
La lechuza común, también llamada "lechuza de campanario", vomita un pellet unas 18 a 20 horas después de haber comido.

Qué debes hacer:

- Ponte los guantes y coloca el pellet sobre la hoja de papel.
- Con las pinzas y la aguja, separa los huesos.
- Haz una pila con los huesos y clasifícalos: cráneos, espinazos, patas, costillas, etc.
- Junta los huesos que te parezca que corresponden a un mismo animal y trata de armar el esqueleto. Pégalo sobre la cartulina y fíjate si puedes armar otro esqueleto completo.
- Tira a la basura los pelos y las otras partes que no hayas utilizado.

¿Algo salió mal?

Separar los huesos de los pelos y de las otras partes que contiene el pellet es una tarea difícil. Antes de intentarlo, deja el pellet en remojo durante varias horas. Cuando hayas separado los huesos (una pila de cráneos, otra de espinazos, otra de patas, etc.) elige el hueso más grande o el más pequeño de cada pila, porque probablemente pertenezcan al mismo animal. Puedes visitar la biblioteca pública en busca de algunos libros que contengan ilustraciones de esqueletos de roedores y de pájaros, que te ayudarán en la tarea.

Mohos babosos como mascotas

Son como grandes gotas de baba que se arrastran sigilosamente. Están vivos, pero son inofensivos. Son los **mohos babosos**.

Imagínate un escupitajo gigante extendido sobre el piso del patio de tu casa. Básicamente, ése es el aspecto que tienen los mohos babosos (también llamados **"mohos mucilaginosos"**): lustrosos, gelatinosos y terriblemente repugnantes. Aunque algunos son muy bonitos, como un moho baboso que parece un conjunto de hebras brillantes de color amarillo o naranja, que se mueve como si fuera un abanico.

Los mohos babosos crecen en lugares húmedos y putrefactos, así que puedes buscarlos en cualquier sitio donde haya cosas podridas: debajo de las hojas que cubren el suelo de algún bosque, en un pantano o en medio de la suciedad. A estas pegajosas criaturas no les agrada el clima demasiado frío, así que la mejor época del año para salir a buscarlas es la primavera o el otoño.

Algunos mohos mucilaginosos pueden producir enfermedades. Éstas no afectan a las personas, pero sí a los repollos y a las papas.

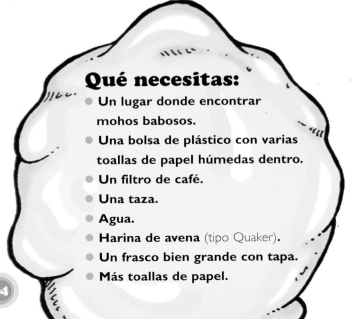

Qué necesitas:

- **Un lugar donde encontrar mohos babosos.**
- **Una bolsa de plástico con varias toallas de papel húmedas dentro.**
- **Un filtro de café.**
- **Una taza.**
- **Agua.**
- **Harina de avena** (tipo Quaker).
- **Un frasco bien grande con tapa.**
- **Más toallas de papel.**

Qué debes hacer:

- Prepara el hogar para tu mascota. Tapa la taza con el filtro de café, de modo que quede bien tenso (como si se tratara de un tambor) y ponla dentro del frasco. Agrega agua lentamente por los bordes del frasco (por fuera de la taza), hasta que la superficie del agua toque el filtro de café (verás cómo el filtro se va humedeciendo lentamente).

- Una vez que tengas todo listo, busca mohos babosos debajo de hojas caídas o de maderas podridas y húmedas. Cuando encuentres uno, no lo separes del lugar donde está adherido y coloca a tu flamante amigo (con la hoja o la ramita) dentro de la bolsa de plástico.

- Coloca a tu baboso compañero sobre el filtro y aliméntalo con una pequeñísima porción de avena. Tapa el frasco ligeramente, para que no entren moscas. **¡Cuidado!**, pon un cartel en el frasco que diga: **"NO COMER NI BEBER"**.

- Aliméntalo todos los días o cada dos días, y si notas que el agua no toca el borde del filtro, agrega otro poco.

- Si tu moho baboso crece hasta cubrir todo el filtro, coloca más toallas de papel en la pared interna del frasco, pero deja una parte sin cubrir para que puedas verlo. Si está a gusto, cruzará el foso de agua y se arrastrará sobre las toallas.

- Disfruta de tu nueva mascota y no te olvides de ponerle un lindo nombre.

¿Algo salió mal?

La parte más difícil de este experimento es encontrar un moho baboso. Si estás cerca de un bosque, busca muy bien debajo de las hojas y de los troncos caídos. Si ves una mancha que parece un escupitajo gigante... felicitaciones, ¡haz descubierto un moho baboso! Y recuerda que las mejores estaciones para ir a la caza de tu futura mascota son la primavera y el otoño. ¡Suerte!

Baba de caracol

Aunque probablemente los caracoles no figuran en la lista de animales favoritos de la mayoría de las personas, son criaturas realmente fascinantes. Estos bichitos babosos son muy adaptables: puedes encontrarlos tanto en la nieve como en el mar y, aunque aman los lugares húmedos, pueden sobrevivir sin agua.

¿Cómo lo hacen? Se esconden dentro de su caparazón y segregan una sustancia viscosa que, al endurecerse, forma un tapón que sella la abertura. De este modo, permanecen húmedos por largo tiempo.

Después de hacer este experimento, es probable que estas simpáticas criaturas conquisten tu corazón para siempre...

Qué necesitas:

- Un caracol.
- Una lámina de plástico duro transparente.
- Piedritas o canicas.
- Ramitas.
- Unas hojas de lechuga.

Puedes encontrar caracoles en casi todos los lugares del mundo. Algunas especies viven en la tierra; otras, en el fondo del mar; y otras, en agua dulce. Los miembros de casi todas las especies de caracoles son hermafroditas: es decir, son macho y hembra a la vez. Por eso, para que nazcan caracolitos, sólo se necesita el encuentro de dos caracoles cualesquiera.

Qué debes hacer:

- Los mejores momentos para buscar caracoles son la mañana y el atardecer. Cuando encuentres uno, tómalo con cuidado por el caparazón y colócalo sobre la lámina.
- Levanta la lámina cuidadosamente y, desde abajo, observa cómo se mueve tu nuevo amigo. Si no se mueve, pon un poco de lechuga en un extremo de la hoja.
- Una vez que se haya familiarizado con el lugar, coloca los otros objetos sobre la lámina (las piedritas o canicas y las ramitas) y fíjate cómo se desliza sobre ellos. Si eres realmente valiente, pon el caracol sobre tu mano y siente en carne propia cómo forma su alfombra de baba a medida que se arrastra.
- Cuando hayas terminado tus investigaciones, vuelve a llevarlo a un lugar húmedo. Lo mejor sería buscar un área lejos de tu jardín, ya que estos bichitos suelen comer plantas y flores. Si encuentras una zona convegetación silvestre, el caracol estará muy feliz de instalarse allí.

¿Algo salió mal?

Encontrar un caracol puede ser una tarea algo difícil. La mejor época del año para buscarlo es durante la primavera o el verano, y el mejor lugar es un jardín. Los jardineros están muy atentos a la aparición de estas criaturas así que, si conoces a alguno, puedes preguntarle si ha visto un caracol arrastrándose por allí. Si no tienes éxito en la búsqueda, puedes comprar un caracol en la pescadería más cercana. Sí, para algunas personas los **"escargots"** (caracoles en francés) son un manjar muy apetecible.

Hay gente que se encariña tanto con estos babosos amigos que no puede separarse de ellos. Si esto te sucede, coloca tu mascota en un frasco o en una caja plástica y hazle algunos agujeros en la tapa para que pueda respirar. Los caracoles necesitan calcio para que su caparazón se mantenga fuerte. Por esta razón, es comendable poner un trocito de tiza (que es una fuente de calcio) dentro de su nuevo hogar. Y no olvides alimentar a tu compañero con muchos vegetales frescos y un poco de agua.

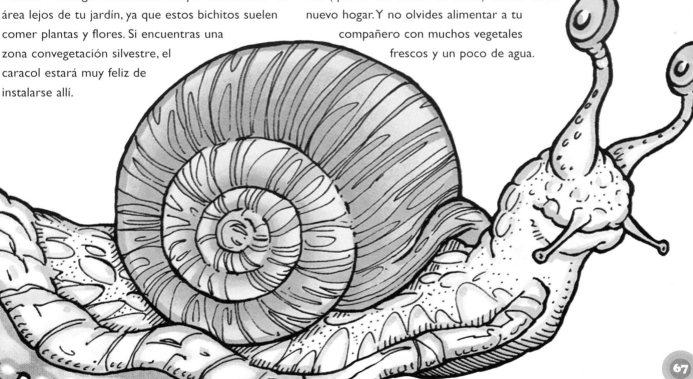

Glosario asqueroso

Acidez estomacal
Se produce cuando los ácidos del estómago suben por la garganta y provocan una sensación de ardor horripilante.

Ácido
Es una sustancia química corrosiva y amarga. Algunos ácidos pueden irritar y descomponer otras sustancias.

Agente de entrecruzamiento
("cross linker") Es una molécula que une las cadenas largas de otro tipo de molécula entre sí (como los peldaños de una escalera unen los palos laterales).

Almidón
Es una molécula muy grande de origen vegetal. En los alimentos, lo encuentras principalmente en el pan y en los cereales.

Amilasa salival
Es una sustancia química de la saliva que rompe las moléculas de almidón, transformándolas en azúcar.

Ampolla
Es una pequeña protuberancia con forma de burbuja, que contiene líquido que se acumuló entre las capas de la piel.

Ano
Es la palabra científica para nombrar al orificio por donde sale la caca.

Antiácido
"Anti" es un prefijo que significa "opuesto" o "contrario". Un antiácido es, entonces, una sustancia química que actúa contra un ácido. Los antiácidos son medicinas que combaten la acidez estomacal, porque transforman los ácidos del estómago en gas y en un líquido menos irritante.

Antitranspirantes
"Anti" es un prefijo que significa "opuesto" o "contrario". Un antitranspirante es un producto que se aplica en las axilas para reducir la cantidad de sudor que liberan las glándulas sudoríparas.

Aves rapaces
Conocidas también como "aves de rapiña" o "aves de presa", son cazadores que tienen una vista muy desarrollada y picos y garras fuertes y filosos, ideales para atrapar a sus presas.

Bacterias

Algunas personas las llaman "gérmenes", pero esto no es correcto. Las bacterias son microorganismos que tienen una única célula y que se encuentran en casi todas partes. Algunos tipos son útiles para los seres humanos y otros son nocivos, porque causan enfermedades.

Caries

Es un agujero en un diente. Las bacterias que se alimentan de los restos de comida que quedan entre los dientes producen ácidos que rompen el esmalte y dan lugar a las caries.

Constipación

Una persona sufre constipación cuando tiene dificultad para hacer caca.

Desodorantes

Uno de los significados del prefijo "des" es "quitar". Un desodorante quita el olor de algo o de alguien. En el caso de las personas, el desodorante elimina el olor a sudor porque mata las bacterias que viven en las axilas.

Eritrocitos

Es la palabra científica con la que se nombra a los glóbulos rojos de la sangre.

Estreptococo

Es una bacteria que causa diferentes infecciones. Una de las más comunes es la faringitis estreptocócica, que es una infección en la garganta.

Gérmenes

Son las bacterias y los virus que causan enfermedades.

Glándulas salivales

Son unos órganos pequeños que se encuentran en la boca y que se encargan de segregar la saliva.

Glándulas sebáceas

Son unos órganos pequeños que están debajo de la piel y que se ocupan de producir la grasa (sebo) que lubrica y protege la piel.

Gusano

La palabra "gusano" se usa para referirse a animales muy diferentes. Y es el nombre que se les da a las larvas de muchos insectos.

Halitosis

Es la forma sofisticada de nombrar al mal aliento.

Hemoglobina

Es un pigmento de los glóbulos rojos de la sangre que contiene hierro.

Hongos

Son organismos de tamaño y aspecto muy variados, que viven como parásitos de plantas y de animales o se alimentan de sustancias en descomposición.

Infección

Se dice que tienes una infección cuando tu cuerpo es atacado por algún microorganismo (virus, bacteria u hongo) que te enferma. Cuando esto sucede, el doctor te receta una medicina para matar a los invasores y acabar con la infección. Si se trata de un virus, las células de defensa de tu organismo son las que se encargan de combatir a los invasores.

Intestino delgado

Es un órgano con forma de tubo, que mide aproximadamente seis metros de largo y que forma parte del sistema digestivo. Se encuentra en tus tripas y su función es absorber los nutrientes de los alimentos que tu cuerpo necesita.

Intestino grueso

Es un órgano con forma de tubo, que mide aproximadamente un metro y medio de largo y que forma parte del sistema digestivo. Es la parte de tus tripas donde se absorbe el agua de los alimentos digeridos y se forman pequeñas "porciones" de caca.

Penicilina

Es un antibiótico que se utiliza para combatir las infecciones y que se obtiene a partir de un moho (el moho Penicillium).

Peristalsis

Es el movimiento de los músculos del intestino que empuja la caca y la hace avanzar hasta encontrar la salida.

Placa

Es la capa de suciedad transparente y pegajosa que se forma sobre tus dientes. Es una mezcla de restos de comida, células de la boca, bacterias y desechos de bacterias.

Polímeros

Es un compuesto químico formado por muchas unidades idénticas repetidas.

Proctólogo

Es un médico que se especializa en los problemas del recto y del ano (la última parte del sistema digestivo).

Recto

Es la parte final del intestino grueso, que termina en el ano.

Reflejo de evacuación

Es la manera elegante de decir: "Siento deseos de hacer caca".

Riñones

Son los órganos que filtran la sangre y separan las sustancias de desecho que luego eliminas en la orina.

Saliva

Es la sustancia acuosa que produce tu boca. Su función es empezar la digestión y humedecer los bocados de comida para que te resulte más fácil tragarlos.

Salmonella
Es una bacteria que contamina los alimentos y puede enfermarte seriamente.

Sistema excretor
Es el sistema que se ocupa de eliminar las sustancias que desechan las células del cuerpo. Los órganos más importantes del sistema excretor son los riñones, pero no son los únicos; los pulmones, el hígado y las glándulas sudoríparas también cumplen funciones excretoras.

Tétanos
Es una enfermedad muy grave provocada por una bacteria que generalmente penetra por las heridas y ataca el sistema nervioso.

Transpiración
Es un sinónimo de sudor.

Urea
Es un producto de desecho que producen las células y que se elimina por la orina.

Vacunas
Son sustancias que estimulan a tu sistema inmunológico para que te proteja de ciertas y determinadas enfermedades.

Vejiga
Es un órgano muscular, una especie de bolsa hueca donde se almacena el pis. Es como un globo, que se estira a medida que va llenándose de orina y que se desinfla cuando se vacía.

Vesículas
Son ampollas muy pequeñas, como las que te aparecen cuando tienes varicela.z

Asquerosología de la cabeza a los pies

A veces, apesta. A veces, cruje. Y a veces, resulta pegajoso. Pero... es tu cuerpo. Descubre el costado científico de tus olores, tus heridas y tus desperdicios. ¡Los vómitos, los granos y los pies olorosos nunca fueron tan interesantes y divertidos!

Asquerosología del cerebro a las tripas

Esta exploración apestosa por el interior de tu cuerpo incluye todo: desde la sangre hasta las verrugas, desde el estreñimiento hasta las erupciones, desde el cerebro hasta las várices. ¡Asquerosamente entretenido!

Asquerosología animal

¡Puaaaajjjj! Pueden ser hermosos y muy dulces, pero son francamente... repugnantes. Este libro habla de ellos, de los comedores de vómito, de los chupadores de sangre, de los amantes de los excrementos... ¡El mundo animal nunca fue tan asombroso!

Asquerosología del baño a la cocina

Hay todo un mundo de asquerosidades en el interior de tu hogar: desde las cucarachas de la alacena hasta las bacterias de la esponja, desde el moho del pan hasta los insectos que condimentan la salsa. ¡Un libro inquietante!

¡Buenas noticias! **Hay mucha teoría sobre Asquerosología**

Todos con el estilo iamiqué:
sencillo, divertido... y con mucho rigor científico.